À LA RECHERCHE DE MON FRÈRE

ELLIOT WAX

ÉDITIONS GOUTTE D'OR

AVERTISSEMENT

Ce livre est à la fois une enquête journalistique et une quête personnelle, guidées par une même question : peut-on sortir un proche du complotisme ? L'auteur veut à tout prix renouer avec son grand frère, alors que l'évolution des croyances et des opinions de ce dernier a creusé un fossé entre les deux hommes. Dans ce cadre, le journaliste s'est immergé dans un journal puis dans un parti politique, tous deux régulièrement qualifiés de « complotistes » par la presse nationale et le site Conspiracy Watch[1]. Nous avons flouté ces deux institutions, car le propos de l'auteur n'est pas de dénoncer leur fonctionnement, mais plutôt de trouver des clefs pour mieux comprendre son

---

1. Site fondé par l'association l'Observatoire du conspirationnisme, association régulièrement sollicitée par les autorités.

frère. Nombre de personnes rencontrées dans le cadre du livre ont été anonymisées et certaines caractéristiques ont été modifiées.

CHAPITRE 1

LA COLÈRE

Je suis sur le canapé, encore tremblant de colère. Je tire nerveusement sur ma cigarette. Ma compagne se rapproche de moi et me prend la main :
– Ça ne sert à rien de te fâcher avec ton frère. Tu ne le changeras pas. Prends-le comme il est, me conseille-t-elle d'une voix douce.

Je sais qu'elle a raison, mais c'est plus fort que moi. Depuis qu'il a viré complotiste, nos échanges téléphoniques se concluent inévitablement par une dispute.

Le glissement s'est opéré petit à petit. Je crois me souvenir que cela a commencé quand il a visionné le documentaire intitulé *La Révélation des pyramides*, dont la thèse est que ces dernières n'ont pas été construites par les Égyptiens, mais par une civilisation ancienne dont le développement technologique nous aurait échappé. Il s'est ensuite passionné pour « l'énergie libre »: une théorie selon laquelle il existerait des formes d'énergie illimitées et non polluantes, mais que l'on refuserait d'exploiter en raison de la puissance des lobbys pétroliers. Ou encore pour Nibiru: une planète dont l'existence serait cachée par la NASA et qui serait la cause de nombreux dérèglements sur Terre. « C'est pour ça qu'on a observé une augmentation du nombre de tremblements de terre de 76 % ces dernières années », m'a-t-il assuré un jour.

J'étais moi-même bien au fait de toutes ces théories. J'appartiens à cette génération entrée dans l'âge adulte au moment de l'explosion de YouTube. Rapidement, la plateforme vidéo a commencé à charrier tout un tas de discours conspirationnistes.

Lorsque j'étais étudiant, j'avais pour habitude de m'endormir en écoutant les monologues de certaines des figures de proue du complotisme 2.0, comme Alain Soral ou Philippe Ploncard d'Assac. Je n'ai jamais pris leurs discours au sérieux, mais ils m'ont toujours intrigué. J'éprouvais un plaisir coupable à écouter des complotistes, plus ou moins illuminés, déblatérer des heures durant contre l'élite mondialiste ou les scientifiques corrompus. Leurs théories avaient le mérite de stimuler mon esprit critique et mes capacités à argumenter. Seul dans mon lit, j'essayais d'imaginer ce que je répondrais à Vincent Reynouard, le pape du révisionnisme en France au côté de Robert Faurisson, qui m'expliquerait qu'Oradour-sur-Glane a été détruite par les Alliés et non par les nazis. Cela m'obligeait à m'informer afin d'avoir des arguments précis à opposer à mon interlocuteur imaginaire. Il en allait de même pour la prétendue nocivité des vaccins, la soi-disant mainmise des Juifs sur l'appareil politico-médiatique ou encore les mensonges sur l'existence du sida. Indirectement, la propagande conspirationniste eut ainsi pour effet de renforcer mes convictions.

Quand mon grand frère a basculé dans le complotisme, j'ai d'abord pensé que je parviendrais facilement à le ramener à la raison en « débunkant » (démystifiant) ses nouvelles croyances. Par téléphone ou quand j'allais passer quelques jours de vacances chez lui, nous débattions des heures durant de la supposée vassalisation de la France envers les États-Unis, des manipulations opérées par les médias et les instituts de sondages, de la dictature de l'Union européenne, de l'influence nuisible des lobbys pharmaceutiques, etc.

Quel que soit le sujet abordé, mon frère faisait fi de toute nuance. Pour lui, le monde se scindait en deux camps : celui du bien, des diseurs de vérités, censurés voire opprimés par le pouvoir et les médias complices ; et celui du mal, incarné par les puissants et les médias traditionnels, dont le seul but serait de s'en mettre plein les fouilles et d'asservir les peuples. Aucun des arguments que j'avançais ne l'amenait à infléchir ses positions. Parfois même, mes propos le mettaient hors de lui.

Je me souviens d'une joute portant sur le niveau de vie moyen des Français. Mon frère en était persuadé : celui-ci était en chute libre depuis quarante ans. « Tu ne vois pas les centaines de milliers de personnes qui dépendent des Restos du Cœur pour manger ? Quand j'étais gamin, ce n'était pas comme ça. » Pendant qu'il discourait, j'avais trouvé une étude de l'Insee qui montrait que, à euros constants, le pouvoir d'achat des Français avait augmenté de façon quasi continue depuis 1975.

– Frangin, viens voir ce graphique, lui dis-je.

– Je m'en fous de tes graphiques, je te parle de vécu !

– Mais justement, ce graphique rend compte du vécu. Viens voir, s'il te plaît. Il y en a pour deux secondes.

Face à ma longue insistance, il me rejoignit de mauvaise grâce sur le canapé et prit connaissance du document que je lui présentais.

– Ça veut rien dire, ça ne prend pas en compte l'inflation, m'objecta-t-il.

– Mais si, regarde, c'est noté en légende : « à euros constants ».

– Où ça ?

Je lui indiquai le passage concerné.

– Ça veut dire quoi, « à euros constants » ?

– Que ce calcul a été fait en prenant en compte l'inflation.

– T'es sûr ?

– On va regarder la définition sur Internet, répondis-je, exaspéré.

– Non, c'est bon, je te crois, s'agaça-t-il.

– Non, non. On va regarder, je t'ai suffisamment écouté. À ton tour !

– Non, je te dis que ça ne m'intéresse pas.

– Donc ça veut dire que tu ne veux pas vraiment savoir. Tout ce qui t'importe, c'est de voir le monde en noir, lui fis-je remarquer, ne pouvant ainsi m'empêcher de souligner que j'étais ressorti gagnant de notre débat.

Ces derniers mots le firent exploser. De rage, il rabattit l'écran de mon ordinateur portable et me donna un coup dans le dos.

– Qu'est-ce qu'il est con ! hurla-t-il avant de sortir fumer une clope sur la terrasse.

– Regarde dans quel état tu te mets, criai-je au moment où il refermait la baie vitrée derrière lui.

Et dans quel état je me mets aussi, aurais-je pu ajouter… En réalité, personne ne sortait vainqueur de ce genre de conversation.

Au fil des mois, puis des années, je me suis aperçu d'une chose : j'avais beau réfuter une à une ses affirmations erronées, cela avait peu d'incidence sur sa réflexion. Il avait toujours dix *fake news* d'avance !

Face à un proche devenu complotiste, Pascale Duval, psychologue et porte-parole de l'Unadfi (Union nationale des associations de défense des familles et de l'individu victimes de sectes), recommande « de maintenir du lien. Il faut éviter de parler de ce qui fâche, mais parler de ce qui rapproche, des bons souvenirs, de l'amour[1]. » J'ai fait exactement le contraire.

---

1. « Aujourd'hui, le territoire des sectes est en ligne, et leurs chefs sont sur YouTube », *Le Monde*, 22 décembre 2020.

Quand mon frère a commencé à fricoter avec le conspirationnisme, je l'ai moqué, rabaissé, traité de taré, de frustré, j'ai tourné en ridicule la moindre de ses opinions. À cette époque, il tentait de se reconstruire après une période extrêmement pénible de son existence et combattait de vieux démons sur lesquels je reviendrai plus tard.

Aujourd'hui, mon frère et moi n'avons plus accès à la même réalité, nous ne vivons plus dans le même monde. Et malheureusement, nous n'avons plus rien à nous dire. Ses analyses excessives me désespèrent. Et lui est ulcéré de me voir « si naïf », « si crédule », et « faire preuve de si peu de curiosité ». Cet état de fait entre nous est-il réversible ?

Je continue de l'espérer, et c'est ce qui a en partie déclenché l'écriture de ce livre. Mais ce n'est pas la seule raison. En évoquant autour de moi mes problèmes familiaux, je me suis aperçu que la plupart des gens comptaient, dans leur entourage, un oncle, une tante, une cousine ou encore un ami adhérant à des théories conspirationnistes. Un proche qui, peu à peu, s'était écarté du sens commun au point parfois de se couper de ses êtres chers et du reste de la société.

Mon projet de partir « à la recherche de mon frère » est né après une énième dispute. Nous étions en plein mois d'août, en 2020. Mon frère ne cessait de m'envoyer des articles via WhatsApp sur « la fausse épidémie du Covid-19 ». Alors que je venais de lui demander « d'arrêter de m'embêter avec ses conneries », il m'a écrit, rageur : « Tu prétends être journaliste. Rédacteur, ça te conviendrait mieux. »

Ce sarcasme a été un déclic. Ce n'était pas la première fois que mon frère se montrait méprisant face à mon rejet de ses théories alternatives. Mais jusque-là, il ne m'avait jamais rabaissé. Sur le moment, je décidai de ne plus lui adresser la parole jusqu'à ce qu'il s'excuse.

Puis, un soir, j'ai réalisé que j'avais une meilleure option à ma disposition. J'allais montrer à mon frère que j'étais un vrai journaliste en partant à la rencontre des figures du complotisme pour voir ce qui se cachait en coulisses. J'allais rapporter des preuves de leur cynisme, de leur folie, de leur fatuité. Montrer à quel point ce sont des gens déraisonnables qui ne méritent pas qu'on s'intéresse à eux. Mon frère se rendrait alors compte qu'il avait été manipulé, qu'il avait cru à des mensonges tout juste bons à le maintenir dans une bulle de haine et de ressentiment.

Et surtout, il mesurerait l'amour que je lui porte et tout ce que j'aurai fait pour lui montrer.

Je n'imaginais pas à quel point j'étais naïf, et encore moins jusqu'où cette résolution allait m'emmener.

CHAPITRE 2

LE FLACON DE TERCIAN

Avril 2007. Mon frère pique du nez. C'est devenu récurrent ces derniers temps. Les yeux fermés, il articule péniblement des morceaux de phrases. « Tuuuuuu peux m'passer l'eau, ma ché… » Sa compagne, mes deux nièces et moi échangeons des regards gênés.

Le pichet passe d'un bout à l'autre de la table. Mon frère l'attrape et, les mains tremblantes, en verse une bonne partie dans son assiette, qu'il n'a pas touchée depuis le début du repas. « Ah mince. » Il fait mine de se lever pour chercher une éponge. « Bouge pas, je m'en occupe », je lui dis. Pendant ce temps, sa compagne commence à essuyer la table avec du sopalin.

– Désolééé, ma puuuce, fait mon frère.

– C'est rien, dit-elle d'un ton compatissant. Mais je la sens excédée.

J'ai alors 17 ans et j'ai toujours connu mon frère un brin mélancolique. Mais depuis qu'il a fêté ses 40 ans, l'année précédente, ce mal de vivre lancinant a laissé place à une profonde dépression. Après plusieurs mois de négociations, il a fini par consentir à consulter un psychiatre. Confiant en la valeur curative de la parole, j'étais persuadé que ses visites hebdomadaires viendraient rapidement à bout de cette crise de la quarantaine. Or, c'est exactement le contraire qui est en train de se produire. Il se fait mutique et ne décroche plus un sourire, lui qui aimait tant blaguer. Quand je lui demande ce qui ne va pas, il me confie : « C'est le monde qui me rend triste. »

Physiquement aussi, je le vois décliner. Son visage est émacié, ses traits tirés, il est le plus souvent amorphe et ne parvient plus à parler sans bafouiller. Au début, il prétendait que ces défaillances étaient dues aux anxiolytiques et aux antidépresseurs prescrits par son psychiatre. De toute évidence, il y avait quelque chose d'autre. Pris à des doses normales, ses médicaments sont censés l'aider à dormir et à se détendre. Pas à le transformer en semi-légume incapable de lacer ses chaussures. Surtout que, visiblement, il n'attend plus la nuit tombée pour se préparer son cocktail.

Du fait de notre différence d'âge, et de notre père souvent à l'étranger, mon grand frère m'a en partie élevé. Il a toujours joué le rôle d'une figure paternelle. Mais là, je sens qu'il vacille. Un jour, je rentre du lycée plus tôt que prévu, à 16 heures. Je le trouve dans la cuisine, à moitié endormi. La cigarette roulée qu'il tient entre ses doigts s'est éteinte.

– Ah salut, Elliot, me dit-il quand je lui secoue l'épaule. Il tend ses lèvres pour m'embrasser.

– Salut, frangin. Qu'est-ce qu'il t'arrive ?

– J'ai pris un somnifère.

– Tu devrais aller au lit.

– Non, je suis bien. Je profite de l'effet.

Sur ce, il rallume sa cigarette et tire une bouffée, les yeux de nouveau fermés. Je le laisse seul dans la cuisine.

Depuis longtemps déjà, je connaissais son passé de toxicomane. Toute mon adolescence, mon frère m'a conté, avec fierté, ses excès de jeunesse, dans les années 1980. Sur de vieilles photos, on le voit vêtu à la manière des membres du groupe The Clash : tout en noir, avec de grosses chaussures, un perfecto et un foulard autour du cou. Il porte des boucles d'oreilles et arbore sur sa cuisse un tatouage en forme de dédicace aux drogues. Il a les joues fines et de petits yeux vairons.

Il plaisait beaucoup aux filles. Plusieurs fois, je l'ai entendu dire qu'il avait eu plus de cent maîtresses dans sa vie. « C'était tellement simple! Une fois, en boîte, j'ai pointé du doigt une jolie blonde et je lui ai dit: "Toi!" Elle a ri et nous avons passé la nuit ensemble. » À cette époque, il a essayé toutes les drogues. Mais celle qui avait sa préférence, c'était l'héroïne. Ses bras en portent toujours les stigmates.

À partir de mes 13 ans, j'étais friand de ses histoires de mauvais garçon. Une fois, il m'a raconté comment, lors d'une perquisition, les policiers étaient passés à côté de 15 000 francs dissimulés sous le tapis. « Par chance, ils ont vidé le sac de linge sale à l'endroit précis où on avait planqué le pognon. » Les flics n'avaient pas non plus découvert les seringues cachées dans la tuyauterie du lavabo. « Un moment, y en a un qui a commencé à s'en approcher. J'ai gueulé: "Mais votre collègue a déjà regardé là!" Et il est passé à autre chose. »

– Pourquoi vous aviez été perquisitionnés? je le questionnai.

– Parce qu'on dealait. À l'époque, je vendais l'équivalent de 1 000 francs de shit par semaine. Tout était réinvesti dans la fête.

Un de ses colocs avait fini par faire un peu de prison. Lui était passé entre les gouttes. C'était tout de même un habitué du commissariat. Il racontait la plupart de ses histoires sur un ton comique, et parvenait ainsi à faire oublier à l'enfant que j'étais leur aspect glauque.

Les histoires de mon oncle, me faisaient également mourir de rire. Tout comme mon frère, il était accro aux drogues et s'était mis en tête d'en rapporter d'Amsterdam en les cachant dans son estomac. C'est une technique dangereuse que les douaniers connaissent bien : avaler des emballages chargés de stupéfiants, suffisamment solides pour qu'ils ne s'éventrent pas au moment de la digestion. Le trafiquant ou le passeur – « la mule » – peut ainsi franchir la frontière sans être inquiété.

Des semaines durant, mon oncle s'était donc entraîné à gober des aliments de plus en plus gros. Un après-midi, il avait voulu en faire la démonstration à l'une de ses amies. « Oui, je te jure, je peux avaler n'importe quoi », avait-il lancé crânement. Il avait alors attrapé une pomme de terre crue et l'avait gobée. Manque de bol : celle-ci était restée coincée et ils avaient dû foncer aux urgences. Quelques jours plus tard, ma grand-mère paternelle, qui n'a jamais ne serait-ce qu'imaginé enfreindre la loi, avait appelé mon frère, affolée. « Marc ! Je crois que ton oncle est devenu fou. Il a failli mourir en gobant une pomme terre crue ! Crue, Marc, crue ! »

Au collège et au lycée, j'étais très fier de raconter toutes ces histoires à mes amis, dont les proches étaient si conventionnels. À l'époque, j'étais persuadé qu'il s'agissait là d'un passé révolu et que mon frangin avait définitivement arrêté la drogue pour endosser le costume du bon citoyen. Je comprendrais plus tard qu'il n'en était rien.

Certaines images apparaissent aujourd'hui comme des évidences. Souvent, l'été, nous allions passer quelques jours dans une grande maison de campagne où vivaient mon meilleur ami et sa mère. Le soir, les adultes faisaient la fête au rez-de-chaussée, la musique à fond. « Eh ! Andy ! Dis-moi oui, chéri ! » Nous, les enfants, étions dans une chambre à l'étage, à jouer à la PlayStation. De là où nous étions, nous voyions nos parents et leurs amis faire des allers-retours dans la salle de bain. Je comprends maintenant ce qu'ils y faisaient.

J'ai été un enfant très heureux. Mes parents n'ont jamais vraiment été ensemble. L'histoire d'une fille de bonne famille qui s'amourache d'un petit voyou et qui tombe enceinte accidentellement. Elle avait 22 ans, lui la quarantaine, et il avait déjà un fils d'une précédente union. Mes parents se sont séparés peu après ma naissance.

J'ai ainsi eu ma mère pour moi tout seul durant les premières années de ma vie. Un rêve pour le petit garçon que j'étais. Elle était – et demeure – belle, douce, maternante et d'une tendresse infinie. Je souhaite à toute la marmaille du monde d'être aussi choyée que je l'ai été.

Lorsque j'ai eu 4 ans, elle a rencontré son futur époux. Il s'est occupé de moi comme si j'étais son propre fils. De cette union est née une fille, j'avais alors 8 ans. Nous formions une famille unie. Ma sœur et moi avons reçu une éducation à la fois stricte et épanouissante. Ma mère étant chanteuse et comédienne – après avoir brièvement été professeure de français –, nous avons eu la chance de grandir dans un bain culturel privilégié. Côté finances non plus, nous n'avons jamais eu à nous plaindre. Nous n'étions pas spécialement riches, mais cela ne nous a pas empêchés de pratiquer de nombreuses activités et de goûter aux joies des vacances au bord de la mer ou à l'étranger.

Mon père, quant à lui, était très aimant en dépit de son mode de vie voyageur. Quand j'étais petit, je passais la moitié de la semaine chez lui mais comme il était souvent absent, je me retrouvais le plus souvent avec mon frère de vingt ans de plus que moi qui squattait dans les parages.

Mon père habitait un appartement, au-dessus d'un fleuriste. Quand il était là, il dormait dans le salon et moi dans la chambre. Et quand il n'était pas là, mon frère prenait sa place sur le canapé.

Le week-end, mon frère m'emmenait à la campagne, dans la maison de mes grands-parents, où j'étais traité comme un roi. Pendant le trajet, il me faisait écouter ses musiques favorites : The Clash, bien sûr, mais aussi The Pixies ou, dans un autre genre, Alain Souchon.

Nous allions aussi à la piscine. Je revois mon frère prendre une grande bouffée d'air avant de plonger sous l'eau et de réapparaître à l'autre bout du bassin. J'étais très impressionné. Il revenait alors dans ma direction et, à la manière d'un requin, tournait un moment autour de moi pour finir par m'attraper et me projeter en l'air.

Quand j'ai eu 5 ans, mon grand frère m'a appris à jouer aux échecs. C'est devenu une passion et, très vite, je me suis mis à gagner de nombreux tournois dans les catégories jeunes. Mon frère étouffait de fierté. « Pow pow, il est beau mon frérot », disait-il en passant la main dans mes cheveux blonds.

Son intelligence lui permit, malgré sa vie chaotique, de réussir le concours pour devenir documentaliste un peu avant ses 30 ans.

Il fut alors muté à Marseille. Dans la foulée, il rencontra celle qui allait devenir sa compagne.

Je passais toutes mes vacances chez eux. Mon frère et moi avions nos moments à nous. Il m'initia très tôt aux terrasses de café. Lui avec son thé, moi avec mon Coca, nous parlions de tout et de rien. Il me demandait des nouvelles de l'école, de mes copains. Je lui racontais mes exploits imaginaires sur le terrain de foot et il écoutait avec patience.

Nous allions aussi dans un parc où se trouvaient quelques attractions. Je passais des heures aux autos-tamponneuses. Lui me regardait dans sa position caractéristique : les jambes croisées, le coude posé sur le genou et la tête soutenue par la main, une cigarette entre les doigts.

Quand je le quittais, je pleurais. À chaque fois, j'espérais que le train démarre avant qu'il ait eu le temps de sortir. J'agrippais désespérément son bras, prolongeant mes derniers instants avec lui. Il déposait alors un bisou sur mes joues mouillées. « On se voit bientôt, frérot. »

J'ai fini par aller vivre chez lui pour ma dernière année de lycée, histoire de changer d'air. C'est à ce moment-là que les choses ont commencé à mal tourner.

Cette année 2007, je suis en terminale. Juste avant un repas, je surprends mon frère dans le cellier en train de boire son flacon de Tercian – un puissant neuroleptique – comme s'il s'agissait d'une bouteille d'eau.

– Tu fais n'importe quoi ! je lui dis avec colère.

– Mais non. Normalement, je dois prendre cinquante gouttes. Comme le flacon est vide, je n'ai pu en prendre que trente. J'ai juste essayé de faire tomber les dernières gouttes.

Quelques minutes plus tard, il ne tient même plus sur sa chaise. « C'est duuur de viiivre », se lamente-t-il. Sa compagne l'attrape par les épaules et le traîne dans leur chambre.

CHAPITRE 3

« ILS VONT TUER NOS ENFANTS AVEC CE VACCIN ! »

Août 2021. Pour approcher la sphère complotiste, je décide de passer par Telegram, cette application est le service de messagerie privilégié de la mouvance. À la différence de Facebook ou Twitter, la modération y est quasi inexistante. Chaque utilisateur peut y diffuser des contenus haineux et mensongers sans risquer de voir son compte bloqué par les modérateurs. L'interface est en tout point similaire à celle de WhatsApp : elle permet à la fois d'avoir des conversations privées avec ses proches et de s'abonner à des canaux thématiques. La quasi-totalité de ces groupes sont publics.

Une première exploration me permet de constater que de nombreux fils de discussion véhiculent des idées extrémistes. Je m'abonne à plusieurs canaux, dont un sur la médecine holistique, un autre baptisé « Un Nôtre monde » et celui intitulé « Seine-et-Marne », où je réside. Ce qui me frappe le plus dans les messages que je vois défiler, c'est l'entre-soi complotiste. Mensonges des médias et des politiques, diagnostics alarmistes sur l'état de la France, « Grand Soir » à venir, exaltation des médecines alternatives et du retour à la terre... Tous les messages vont dans le même sens.

« Plus on avance dans le temps et plus je me dis qu'il vaudrait mieux devenir un "marginal" de la société : maison autonome, fin du smartphone, retirer toutes ses économies, permaculture, écovillage... Fuir cette civilisation en cours d'implosion... Vos témoignages me donnent la force de faire un gros doigt d'honneur aux gouvernements malhonnêtes », écrit par exemple un certain Christian. Je tombe sur la vidéo d'une jeune femme prétendant que l'État préparerait la vaccination obligatoire pour les enfants. « C'est sûr qu'ils vont vacciner nos enfants à l'école. Il faut vraiment se bouger. Ils veulent tuer nos enfants avec ce vaccin mortifère ! » hurle-t-elle, des trémolos dans la voix.

À la fin du mois d'août, des manifestations contre le pass sanitaire sont organisées tous les samedis. À Paris, elles rassemblent environ 200 000 personnes. Je lance un appel sur le canal Seine-et-Marne : « Bonjour à tous. Nouvellement installé à Chelles, je voudrais savoir s'il y en avait parmi vous qui se rendaient à Paris demain pour la manif ? Dans la mesure du possible, j'aimerais éviter d'y aller seul… Merci ! » Personne ne donne suite à ma demande.

La même déconvenue se répète à plusieurs reprises, sur différents canaux. Je m'aperçois que les discussions sur Telegram ne débouchent pratiquement jamais sur des rencontres ou des actions concrètes ; elles s'apparentent plus à une superposition de monologues. De temps en temps, certains organisent des pique-niques ou des apéros. Mais d'après ce que je comprends, ceux-ci rassemblent rarement plus de cinq ou six personnes. Cela me désespère : j'ai l'impression qu'il va me falloir des mois pour me constituer un réseau dans le milieu.

Un jour de septembre 2021, alors que je roule en voiture et écoute la radio, je tombe par hasard sur l'interview de Yolain Racine[2]. Après avoir

---

2. Comme indiqué dans l'avertissement au début du livre, tous les noms ont été changés.

fait fortune dans les technologies financières et le BTP, l'homme a repris, en 2016, un quotidien que j'appellerai *La Vérité*[3]. À cette époque, l'ancien grand journal a déjà cessé de paraître en version papier. Trois ans plus tard, en 2019, Yolain Racine se sépare des quatre derniers journalistes de la rédaction. « Pour autant, ce n'est pas la fin de *La Vérité*. Notre employeur a ainsi décidé de continuer à éditer ce qui fut l'un des plus grands journaux français de l'après-guerre. Avec quel cadre ? Dans quel but ? Il appartiendra à tous de rester vigilant », commentent-ils dans un communiqué de presse.

En février 2020, le Covid-19 fait son apparition en France. Très vite, *La Vérité* en fait le cœur de sa ligne éditoriale. La gravité du virus est niée alors que les papiers alarmistes sur les conséquences néfastes du port du masque et du confinement se multiplient. Le média prend aussi fait et cause pour le Dr Raoult.

Le lien avec le complotisme est rapidement trouvé : la gestion calamiteuse de la crise serait un moyen pour « les élites » de soumettre les peuples et de refaçonner l'économie mondiale, le fameux « Grand *Reset* ». C'est la thèse soutenue

3. Le nom du journal a été changé.

par le documentaire conspirationniste à succès *Hold-Up*. Un film dans lequel intervient Yolain Racine et dont *La Vérité* a activement fait la promotion.

Sa web-TV est également devenue un passage obligé pour toute personne, plus ou moins connue, défendant des théories alternatives : Francis Lalanne, Jean-Marie Bigard, la députée Martine Wonner, Florian Philippot, l'ufologue Silvano Trotta, le pharmacien Jean-Bernard Fourtillan, les médecins Louis Fouché, Christian Perronne et Luc Montagnier, l'avocat Fabrice Di Vizio, le naturopathe Thierry Casasnovas… Tous y ont leur rond de serviette.

En 2020, le site de *La Vérité* a enregistré en moyenne trois millions de visites par mois. Ce qui en fait, selon Conspiracy Watch, « le nouveau navire amiral de la complosphère française ». Comme en témoignent les nombreux articles qu'il partage sur ses réseaux sociaux, mon frère fait partie de ses lecteurs assidus. « Eux, au moins, ils font du vrai journalisme. Ils ne répètent pas bêtement ce que disent l'AFP et le gouvernement », s'enthousiasme-t-il.

Là, dans l'autoradio de ma voiture, j'entends Yolain Racine s'expliquer sur une tribune publiée quelques jours plus tôt par son journal. Dans celle-ci, un auteur anonyme accuse nommément plusieurs chercheurs et professionnels de santé de mentir au sujet du vaccin et du pass sanitaire. Son texte se termine par un appel à juger les fautifs et précise que la guillotine s'impatiente.

Au cours de l'échange, Yolain Racine assure que, contrairement à ce qui est dit dans la presse, *La Vérité* est reconnu comme un site d'information et dispose d'une équipe de journalistes professionnels.

Dans ma tête, ça fait tilt.

CHAPITRE 4

LA CANDIDATURE

Dans les jours qui suivent le passage de Yolain Racine à la radio, j'étudie la possibilité de postuler à *La Vérité*. A priori, rien ne s'y oppose. Dans le milieu de la complosphère, personne ne me connaît. Je n'utilise pas les réseaux sociaux et cela fait bientôt trois ans que je n'ai plus travaillé pour un média en France. Autre bon point : les « journalistes » de *La Vérité* ne signent pas leurs papiers. Je ne risque donc pas de me faire dénoncer par une connaissance qui trouvera bizarre de voir mon nom figurer au bas d'un article.

J'envoie ma lettre de motivation. Pour être convaincant, j'en fais beaucoup, peut-être même un peu trop. Je parle de l'impossibilité pour moi de travailler pour un média « covidiste ». Comprendre : un média qui souscrit aux thèses officielles sur le Covid-19. J'évoque les « manipulations » du gouvernement, la « naissance d'une dictature sanitaire ». Je loue *La Vérité* pour son œuvre de « réinformation » et « d'éveil des consciences ». « Il me paraît aujourd'hui absolument impensable de travailler pour un média qui éluderait le sujet du Covid-19. Un peu comme ces journaux sportifs qui, en 1940, ont continué à couvrir les matchs de football comme si de rien n'était alors que la Wehrmacht s'apprêtait à envahir le pays », écris-je, de façon grandiloquente, en guise de conclusion.

Moins d'une semaine plus tard, je reçois un coup de téléphone : « Allo, monsieur Wax ? Achille Araz de *La Vérité*. Nous avons bien reçu votre candidature. Pourrions-nous nous rencontrer pour en discuter ? »

CHAPITRE 5

LA SÉPARATION

Hiver 2009, j'ai 20 ans. Comme souvent depuis que j'ai emménagé dans mon premier appartement, un an auparavant, mon frère est venu me chercher pour qu'on passe le dimanche ensemble.

– Salut, frangin, je lance gaiement en entrant dans la voiture.

Je tends mon cou jusqu'à lui et l'embrasse sur la joue. Il ne prononce pas un mot, ni ne jette un œil dans ma direction. Je me recule sur mon siège pour l'observer : il a les yeux perdus dans le vague, les mains accrochées au volant.

– Ça va pas ?

– Non, ça va pas. Anita ne m'aime plus, elle veut qu'on se sépare, m'annonce-t-il.

Je suis abasourdi. Certes, depuis deux ans, leur couple battait de l'aile, mais je n'avais jamais envisagé qu'ils puissent se séparer. Du moins, pas aussi rapidement. Je pensais que si rupture il devait y avoir, celle-ci interviendrait à la fin d'un long processus fait d'ultimatums, de crises, de disputes. Apparemment, sa compagne a décidé de griller les étapes.

Depuis que mon frère est en dépression, ils ne partagent plus aucun moment de complicité. On dirait deux étrangers vivant sous le même toit. Quand il rentre du travail, il se fait un thé, se roule une clope, puis se vautre sur le canapé du salon et n'en bouge plus jusqu'à l'heure du repas. Une fois le dîner terminé, il y retourne et s'endort devant un film de science-fiction de série B.

Lorsqu'il émerge, au milieu de la nuit, sa compagne est partie se coucher depuis longtemps. D'après ce que j'ai pu observer, elle n'essaie même plus de le réveiller ou d'entamer une discussion avec lui. Elle vit sa vie de son côté. Le week-end, elle fait du sport, du shopping, dîne chez des amis. Mon frère, lui, ne se donne pas la peine de chercher des excuses pour ne pas avoir à l'accompagner.

– Elle t'a dit ça quand ? je demande.

– Hier. Elle est rentrée du boulot, on a mangé et, juste avant qu'elle aille au lit, elle m'a dit qu'elle voulait qu'on divorce, lâche-t-il d'une voix monocorde.

– Tu crois que c'est définitif ?

– Oui, je la connais. Quand Anita prend une décision, elle ne revient pas dessus. Dans sa tête c'est clair : nous deux, c'est fini.

Je mets ma main sur son épaule.

– Désolé, frangin, je ne sais pas quoi dire.

Lui non plus. L'air toujours hagard, il démarre la voiture.

CHAPITRE 6

« POURQUOI VOULEZ-VOUS REJOINDRE "LA VÉRITÉ" ? »

Lundi 11 octobre 2021. Je me dirige vers les locaux de *La Vérité*, situés dans une rue cossue d'un arrondissement bourgeois du centre de Paris. Achille Araz, le rédacteur en chef, m'a donné rendez-vous à 14 heures. La météo est encore agréable en ce début d'automne. Les terrasses des restaurants sont pleines de types en blazer qui profitent du soleil avant de retourner dans leur bureau.

Les jours précédents, je me suis préparé à endosser mon rôle de journaliste conspirationniste. Modéré, toutefois. Car mon discours risque de sonner faux s'il est trop éloigné de mes convictions. Je peux défendre l'idée que les lobbys pharmaceutiques travaillent à influencer les politiques du gouvernement en matière sanitaire. J'aurais plus de mal à affirmer sans ciller que le Covid-19 est une création de Bill Gates. Et puis, être « modéré » me permettra aussi de tester les théories auxquelles adhèrent ou non mes futurs collègues.

J'ai essayé d'anticiper les questions que l'on pourrait me poser. « Pourquoi voulez-vous rejoindre *La Vérité* ? Que pouvez-vous apporter à notre rédaction ? Quels sont les sujets sur lesquels vous souhaiteriez vous concentrer ? » Pour chacune d'entre elles, j'ai préparé une réponse en accord avec mon personnage. L'idée générale, c'est que je suis révolté par la gestion de la crise sanitaire et que je considère que *La Vérité* est le seul média à traiter honnêtement cette question, sans se soumettre à la doxa. Pour minimiser les risques de me trahir, j'essaierai de ne pas entrer dans les détails. Et d'en dire le moins possible sur moi.

À l'approche du lieu de rendez-vous, je me rassure : au fond, je n'ai rien à perdre. Si mon interlocuteur flaire la supercherie, il ne donnera pas suite à notre entretien, et l'histoire en restera là.

Alors que j'arrive à l'adresse indiquée, je tombe nez à nez avec Yolain Racine. Chauve, le regard perçant, la mâchoire carrée, il porte une veste de costume bleue et un jean. Il pousse une porte cochère, je le suis.

– Je crois que nous allons au même endroit, lui dis-je en souriant.
– Ah, c'est vous qui avez rendez-vous avec Achille ? me répond-il de sa voix nasillarde.
– Oui.
– Il doit être là-haut. Première porte à gauche. C'est au premier étage.
– Je vous vois après, j'imagine ?
– Non, malheureusement je n'ai pas le temps aujourd'hui. Mais on se verra sûrement un autre jour, dit-il avant de s'engouffrer dans un couloir à droite.

En grimpant les escaliers, je me réjouis à l'idée de retrouver l'atmosphère d'une salle de rédaction. Le bruit des doigts qui cavalent sur les claviers. Les journalistes qui prennent des notes de façon frénétique sur leur calepin, le téléphone coincé entre le cou et l'épaule. Les remarques acerbes sur tel ou tel politicien, les coups de gueule du rédacteur en chef, etc. Mais quand j'entre dans les lieux, je ne vois rien de tout ça.

Je suis seul dans une grande pièce. Au centre, il y a une immense table sur laquelle traînent quelques numéros de *L'Équipe* et du *Figaro*, ainsi que des restes de paquets de bonbons. À droite, une dizaine d'ordinateurs répartis sur deux rangées. Au fond, il y a un petit studio de tournage.

Je reconnais le décor des émissions de *La Vérité*: une table triangulaire blanche et trois écrans géants sur lesquels figure le logo du site web.

Les minutes passent. Vers 14 h 15, deux jeunes hommes arrivent. Le premier doit avoir une vingtaine d'années. Avec son visage fin et son pull en cachemire, il a une dégaine de gendre idéal. Le second, cheveux mi-longs bouclés, barbe négligée, pantalon kaki, proche de la trentaine, a plus l'allure d'un guérillero.

– Bonjour. Est-ce que l'un de vous est Achille? je demande.

– Non, Achille arrive. Il finit de manger, m'apprend le plus jeune des deux. C'est toi qui as rendez-vous pour le poste de journaliste?

– Oui, c'est ça.

– On a tous lu ta lettre de motivation. On a adoré.

Avant que j'aie le temps de répondre, un homme aux cheveux en bataille et aux petites lunettes rondes fait son entrée dans la pièce.

– Achille, il y a quelqu'un pour toi, l'interpelle le Guérillero de sa voix rauque.

L'homme se rapproche de moi et me serre la main. Il doit avoir environ 35 ans.

– Bonjour. Désolé du retard, j'étais en rendez-vous. Je n'ai pas beaucoup de temps, j'ai un train à prendre. Je te propose qu'on aille discuter dehors. J'ai envie de fumer une cigarette.

Nous nous installons sur un banc situé en bordure d'un jardin public. Achille Araz s'assoit en plaçant une jambe sous ses fesses. Quand il parle, il pince ses lèvres et rentre son menton dans son cou. Son regard ne croise jamais le mien.

– J'ai beaucoup apprécié ta lettre de motivation. J'ai l'impression qu'on a des trajectoires parallèles. Moi aussi, au début, j'étais un peu sceptique sur ce qu'écrivait *La Vérité*. Puis ça a changé petit à petit. Je trouvais que c'était pas mal sur le fond, mais dans la forme, j'avais remarqué qu'il y avait quelques problèmes.

Il poursuit en m'expliquant que les candidatures comme la mienne sont rares.

– Jusqu'à présent, on avait soit des personnes qui adoraient *La Vérité* mais qui n'avaient aucune formation en journalisme. Soit des journalistes qui ne connaissaient pas la ligne éditoriale de *La Vérité*. C'est pour ça qu'on t'a tout de suite rappelé. Tu verras, on est très libres. Si tu n'es pas d'accord avec un sujet, tu peux le faire savoir. Il n'y a aucun problème. Comme on est une petite équipe, on est tous polyvalents. De temps en temps, on te demandera d'aider pour la technique, les réseaux sociaux. Tu seras aussi

amené à mettre en forme des tribunes qu'on nous envoie. Bref, tu t'en rendras vite compte, on a un esprit assez start-up. Quand est-ce que tu peux commencer ?
– Je suis dispo à partir du lundi 25 octobre.
– OK, parfait. Je t'envoie le mail de la personne qui gère les contrats pour que tu t'arranges avec elle. Généralement, on commence par un CDD de deux mois. Et si tout va bien, on passe en CDI. Tu seras payé 1 400 euros net par mois. Ça te convient ?

CHAPITRE 7

PREMIER JOUR

Pour mon premier jour, on m'a demandé de venir à 10 heures. Je sonne à l'interphone. La porte cochère s'ouvre. Je grimpe les quelques marches qui mènent à la salle de rédaction. « Je vous présente Elliot », dit Achille Araz lorsque j'entre. Je fais le tour de la pièce pour saluer chacun. À *La Vérité*, le Covid-19 n'a pas modifié les convenances : bise pour les filles et poignée de main pour les garçons.

Il y a là le Gendre idéal ainsi que le Guérillero, que j'ai déjà croisés le jour de mon entretien d'embauche. Une autre journaliste, la cinquantaine, la peau très blanche et les cheveux noir de jais, parle d'une voix à peine perceptible, comme si ses cordes vocales étaient abîmées. Je la surnomme Blanche-Neige. On me présente aussi une quadragénaire aux yeux bleus et qui porte une frange à la Sophie Marceau ; je la baptise l'Actrice. Elle s'occupe du marketing. Et enfin Jorge, un Bolivien à la peau mate et aux cheveux mi-longs. Il est ici en alternance et se charge de la partie technique.

– T'as qu'à t'installer là, me dit Achille en me désignant un Mac.

À peine ai-je allumé mon ordinateur qu'il me demande de rédiger un article de mille mots sur le meeting de lancement de la campagne d'un candidat d'extrême droite. J'affiche mon étonnement : mille mots, c'est beaucoup, sachant que je n'ai pas assisté au meeting en question. « Il y a déjà pas mal de papiers qui ont été publiés par les autres journaux. T'as qu'à faire un mix », me répond-il.

Pour un média qui passe son temps à pourfendre la presse traditionnelle, je trouve la démarche surprenante. Heureusement, la vidéo du meeting est en intégralité sur YouTube. Je me mets au travail.

Après quelques minutes, je m'interromps pour observer mes collègues. Il n'y a pas un bruit. Chacun a les yeux rivés sur son écran. « Ça y est, j'y suis pour de bon. » À cette pensée, je commence à être pris de panique. Cela débute par des fourmillements au bout de mes doigts.

Puis ma poitrine se comprime, ma bouche devient pâteuse. Les écouteurs enfoncés dans mes oreilles, j'essaye de me calmer en fixant mon attention sur le discours du candidat, mais rien n'y fait. Dans quelle galère je me suis lancé ? J'ai peur de craquer. D'avouer les véritables raisons de ma présence ici : remonter à la source de ce qui obsède mon frère et qui crée de la distance entre nous, voir de mes yeux l'une de ces matrices d'informations semi-vraies ou orientées.

J'en suis là quand je sens qu'on me tapote l'épaule. Je me retourne.

– Bonjour, je suis Chiara, me dit avec un accent italien une fille aux pommettes saillantes.

– Enchanté, moi c'est Elliot, je réponds en essayant de reprendre un peu de contenance.

– On m'a dit que tu t'occupais de l'article sur le candidat d'extrême droite. Si tu as besoin de photos, j'ai une amie qui était au meeting.

Nous engageons la conversation, elle debout, moi toujours crispé sur mon siège. Chiara vient de Sicile. Elle est arrivée en France il y a une dizaine d'années, à 18 ans. Elle a commencé par étudier le droit et suit actuellement un cursus en communication à l'université d'Assas.

– J'avais plein de cours sur la propagande et la manipulation. Et au même moment, la crise du Covid a débuté. C'était incroyable, tout se déroulait comme ce que je venais d'apprendre.

De là son envie de travailler pour *La Vérité*, qu'elle a rejoint en tant qu'alternante.

– En tout cas, c'est génial d'être ici. Si je peux t'aider, tu me dis, conclut-elle avec un grand sourire.

Cet échange m'a fait du bien. Je craignais d'être incapable d'interagir avec mes nouveaux collègues sans être pris d'un sentiment de malaise. Discuter avec Chiara m'a montré que ce n'était pas le cas. Certes, au cours de la discussion, elle m'a glissé que le Covid-19 était une création de l'oligarchie visant à asservir les peuples. N'empêche que j'ai trouvé notre conversation agréable. Je me remets au boulot, plus tranquille.

Pendant deux heures, je paraphrase le discours offensif du candidat d'extrême droite. Au programme : interdiction du pass sanitaire et du confinement ; dissolution du Conseil constitutionnel, du Conseil national de l'Ordre des médecins ; suppression des ARS (Agences régionales de santé) ; suspension de la participation de la France à l'OMS (Organisation mondiale de la santé) ; sortie de l'Union européenne et de l'euro, ainsi que de la Convention européenne des droits de l'homme…

À l'heure du déjeuner, je pars chercher à manger avec le Guérillero, Blanche-Neige et l'Actrice. Sur le chemin, j'en apprends un peu plus sur cette dernière. Elle m'explique qu'elle est à *La Vérité* depuis dix ans. « Quand j'ai commencé, il y avait encore une centaine de journalistes », m'indique-t-elle. À deux reprises, elle a été licenciée pour motif économique, avant d'être réintégrée à chaque fois.

De retour dans les locaux du journal, nous nous installons pour manger sur la grande table au milieu de la pièce. La discussion tourne autour du vaccin contre le Covid. Le Guérillero raconte que c'est compliqué pour sa copine, étudiante, de ne pas pouvoir faire la fête avec ses camarades de promo parce qu'elle n'est pas vaccinée.

– Et toi, tu es vacciné, Elliot ? me demande-t-il.

– Oui, je dis en prenant un air affecté.

Ma réponse fait tiquer le Gendre idéal. J'embraye sur la justification que j'avais préparée.

– Ma famille est provaccin à mort. Ma mère m'a dit que je devais me faire vacciner si je voulais rendre visite à mes grands-parents. Je suis proche d'eux, alors j'ai cédé.

Malgré mon explication, le Gendre idéal continue de me regarder d'un air suspicieux.

– De toute façon, t'as pas à te justifier, me soutient le Guérillero. Tout est une question de choix. Le problème, c'est qu'on oblige les gens à se faire injecter le vaccin. Mais je n'ai rien contre ceux qui le font.

L'après-midi, Achille me confie un autre papier. Il s'agit de reprendre une étude italienne qui annonce que seules 2,9 % des personnes officiellement décédées du Covid-19 ne présentaient pas d'autres pathologies. L'idée est de restituer l'étude de manière à laisser entendre que, sur l'ensemble des personnes mortes du Covid en Italie, seules 2,9 % ont réellement succombé à la maladie. Pour les conspirationnistes, les chiffres de la mortalité seraient artificiellement gonflés par les pouvoirs publics afin de justifier leurs mesures liberticides, pour ne pas dire dictatoriales.

Avant d'intégrer *La Vérité*, je me doutais que je pourrais être confronté à une telle situation. J'ai pris le parti de faire mon possible pour éviter au mieux les entorses à la déontologie journalistique. Cela étant, j'ai conscience que je vais marcher sur une ligne de crête. Mon objectif est d'approcher au plus près le cœur nucléaire de la machine à *fake news*, sans diffuser moi-même d'informations fausses. Je me mets au travail et rends mon article en me concentrant sur la restitution factuelle des infos que je cite.

– Super, ton papier, me dit Achille. Il y a juste une chose : c'est peut-être un peu exagéré de sous-entendre que le Covid-19 n'a rien à voir dans la mort de quelqu'un qui souffrait d'hypertension artérielle.

Le soir, je vois que mon frère a retweeté mon article non signé… Au risque de surprendre, j'en suis ravi. Avec un plaisir infini, je visualise le jour où je lui révélerai la vérité. Ce sera la démonstration imparable qu'il ne fait pas plus appel à son esprit critique qu'un autre, contrairement à ce qu'il imagine.

En effectuant mon examen de conscience, je commence à avoir un doute. Et si le principal objectif de mon immersion se résumait à cela : avoir le dernier mot ?

CHAPITRE 8

LES ANGOISSES

Avril 2011. Mon frère dort sur son canapé. Un filet de bave coule de sa bouche et vient s'écraser sur le petit coussin vert pâle qu'il a acheté à Ikea. Je me penche sur lui et le secoue.

– Allez, frangin, réveille-toi. Il est 14 heures.

– Quoi ? Attends, deux minutes, bafouille-t-il.

– Tu m'as déjà dit ça il y a une demi-heure. Viens, on va se balader. Il fait beau.

– OK, je me lève. Juste une seconde.

Une heure plus tard, il est toujours à la même place.

Depuis qu'il s'est séparé de sa compagne, mon frère passe la majeure partie de son temps à dormir. Et même lorsqu'il est éveillé, il ne semble jamais être dans son état normal, toujours assommé et amorphe. Ses seules activités se résument à faire du thé et à regarder la télévision. Fini le bricolage, l'informatique, la lecture ou les soirées au cinéma… Tout cela ne l'intéresse plus. Il a aussi cessé de se rendre au club d'échecs où il s'était inscrit avec moi, trois ans plus tôt, lorsque j'étais venu m'installer chez lui.

Étant parti habiter dans une autre ville, j'assiste de loin à cette déchéance. Même si cela reste difficile à vivre, je n'ai pas à la subir au quotidien. J'ai toujours fait le grand écart entre deux mondes : celui des bobos normatifs, du côté de ma mère, et celui des éternels « adulescents », voyous et toxicomanes sur les bords, du côté de mon frère. Jusqu'alors, je n'ai jamais choisi entre les deux. Mais pour la première fois, je prends conscience de l'écart qui me sépare de ce frère.

À cette époque, je suis par ailleurs confronté à de graves crises d'angoisse. Celles-ci ont toujours fait partie de ma vie. Dès mes 8 ans, ma peur panique de mourir d'une méningite foudroyante avait conduit ma mère à m'emmener consulter un psychologue. Adolescent, cette terreur face à la mort continua de m'accompagner comme une passagère clandestine. À l'âge de 16 ans, j'ai connu un épisode anxieux beaucoup plus sérieux après avoir fumé un joint avec des amis. Pendant plusieurs semaines, il m'a été impossible de sortir de chez moi. Une nouvelle psychothérapie m'aida à surmonter cette épreuve et à reprendre le cours de mon existence. Mais il y a quelques mois, à l'automne 2010, mes angoisses ont recommencé, encore plus violentes. Cette fois, j'ai été obligé de prendre des antidépresseurs pour réussir à en venir à bout.

Néanmoins, je reste fragile. Alors, pour préserver ma santé mentale, je me dis qu'il vaut mieux que je mette de la distance avec ce grand frère longtemps idéalisé.

CHAPITRE 9

GUÉRIR PAR LE JEÛNE

26 octobre 2021. Cette histoire de chercher à avoir le dernier mot me travaille… Quel est mon objectif, au juste ? Renouer avec mon frère ? Ou avoir raison contre lui ? Et puis, qu'est-ce que j'attends de mon immersion au sein de *La Vérité* ?

En tout cas, cette expérience m'offre un accès privilégié à des personnes ayant des idées semblables à celles de mon frère. Peut-être que cela m'aidera à mieux le comprendre ? Avec mes collègues de *La Vérité*, je peux avoir des conversations similaires à celles que mon frère lance, sauf qu'ici, elles sont dépassionnées, débarrassées de l'affect qui me hérisse le poil… L'autre aspect que mon immersion me permet d'explorer, c'est ce que partagent réellement mon frère et mes nouveaux collègues, au-delà des opinions.

Je suis convaincu qu'en saisissant leurs points communs, je comprendrai mieux la psychologie de mon frangin. Un préalable indispensable si je veux le sortir du conspirationnisme.

Pour mon deuxième jour, Achille Araz me demande de rédiger un article sur le projet de loi « Vigilance sanitaire », examiné la veille par le Sénat. « Prends pour angle “la droite se couche” », m'indique-t-il.

Je me penche sur le sujet. La loi « Vigilance sanitaire » prévoit notamment de prolonger jusqu'au 22 juillet 2022 le régime d'état d'urgence sanitaire. Celui-ci permet au gouvernement de recourir à diverses mesures de restrictions, dont le pass sanitaire. Si le texte a été voté sans changement majeur par l'Assemblée nationale la semaine précédente, il a en revanche été largement modifié par le Sénat, où la droite est majoritaire. Les sénateurs ont ainsi adopté un amendement limitant le prolongement du régime d'urgence sanitaire au 28 février. La droite sénatoriale a également proposé que le recours au pass sanitaire ne soit plus de rigueur dans les départements où la population est vaccinée à plus de 75 % (soit 88 % des plus de 12 ans). Dans les faits, cela reviendrait à supprimer le pass sanitaire dans la quasi-totalité du territoire métropolitain.

Comme le prévoit la Constitution en cas de désaccord entre le Sénat et l'Assemblée nationale, une commission mixte paritaire formée de sept députés et sept sénateurs doit maintenant se réunir afin de trouver un compromis. En cas de nouveau désaccord, c'est l'Assemblée nationale qui aura le dernier mot. Mais en tout état de cause, j'ai beau me retourner le cerveau dans tous les sens, je ne comprends pas comment je peux écrire, comme me le demande Achille Araz, que la droite « se couche » face au gouvernement.

Lors de la pause déjeuner, je fais la rencontre de Jules, photographe attitré de la rédaction et par ailleurs ancien beau-père du Gendre idéal. Petite soixantaine, massif, il passe le repas à vanter les mérites du jeûne. « Cela permet au corps de se purger », assure-t-il. Chaque année, il effectue une retraite de deux semaines dans la campagne, au cours de laquelle il ne mange pas et ne boit que de l'eau.

– Tu n'as jamais de moments de faiblesse? je lui demande.

– Non, au contraire. Les trois premiers jours sont les plus difficiles. Une fois que tu as franchi ce cap, tu ne ressens plus le besoin de manger. Tu te réveilles aux aurores, tu es en superforme. Tu peux marcher des kilomètres sans ressentir la fatigue.

Il ajoute :
– Et encore, moi, ce que je fais, ce n'est rien. Il y a plein de gens qui font des jeûnes de deux cents jours.
– Deux cents jours ! je m'exclame. Mais comment c'est possible ?
– Ton corps se nourrit de tes mauvaises graisses, tes kystes, etc. Certains ont même fait jusqu'à quatre cents jours de jeûne. Mais bon, ceux-là étaient très gros à la base.

Assise à sa gauche, l'Actrice se montre particulièrement intéressée.
– Tu peux me dire quel livre je pourrais lire sur le sujet ? le questionne-t-elle.
– Je te conseille *Guérir par le jeûne*. Sinon, tu trouveras pas mal de choses sur Internet.
Dans son rapport d'activité daté d'août 2021[4], la Miviludes – Mission interministérielle de vigilance et de lutte contre les dérives sectaires – note que les signalements liés aux médecines complémentaires et alternatives ont pratiquement doublé entre 2015 et 2020. Les chiffres concernant l'alimentation sont encore plus spectaculaires, passant de vingt-six saisines en 2015 à cent vingt en 2020. Comme l'indique la

4. Rapport d'activité et études 2018-2020, Miviludes.

Miviludes dans son rapport, les promoteurs des thérapies alternatives s'appuient sur trois idées fortes : « 1. L'approche médicale ne prend pas en compte l'humain dans toute sa dimension (médecine holistique) ; 2. La santé publique est à la main de l'industrie ou du "lobby" pharmaceutique ; 3. Toutes les solutions sont dans la nature ou à trouver en soi. »

Outre que ces autres formes de médecine présentent parfois des risques pour la santé, elles sont également dans certains cas des portes d'entrée vers le conspirationnisme. C'est d'ailleurs le thème de la série de Blanche Gardin intitulée *La Meilleure Version de moi-même*. Au début de l'histoire, l'humoriste, qui joue son propre rôle, se met à consulter des naturopathes afin de soigner des douleurs d'estomac qu'aucun gastro-entérologue classique n'est parvenu à apaiser. En découvrant cet univers, l'actrice commence à se remettre en question. Elle s'ouvre alors au néoféminisme radical puis elle se convertit au véganisme, s'initie à l'occultisme et finit par se marier avec elle-même afin d'accéder à une forme d'épanouissement personnel. La série se conclut sur des images de l'humoriste ayant perdu tout contact avec le réel, se nourrissant exclusivement de lumière et errant sans but dans le jardin de l'institut psychiatrique où elle a été internée.

Quand mon frère a commencé à douter du « narratif officiel », aux alentours de 2012, l'une des premières choses qu'il a faites a été de modifier ses habitudes alimentaires. Ce qui n'était pas un problème en soi. Lui qui pouvait se nourrir uniquement de corn-flakes et de chips est devenu un apôtre de la nourriture bio. Dans ses placards, les paquets de sucre en morceaux, de biscuits et de pâtes ont laissé place à du sirop d'agave, des sachets de quinoa et des infusions à base de plantes. « Je ne mange jamais à satiété », m'a-t-il dit fièrement quand je lui ai fait remarquer qu'il avait énormément maigri.

Un soir que j'étais en vacances chez lui, sa nouvelle compagne, Florence, rencontrée par le biais d'amis communs deux ans après son divorce, m'affirma qu'on pouvait aisément guérir le cancer avec de simples plantes, mais qu'on ne le faisait pas à cause de la puissance des lobbys pharmaceutiques. Quelques mois plus tard, elle essaya de démarrer une activité de naturopathe après une formation en ligne de trois mois.

– Ah, tu te lances dans l'escroquerie ? m'étais-je moqué.

– Dis pas ça, Elliot, avait répondu mon frère. La médecine traditionnelle s'appuie sur des préceptes. Or, comme tout précepte, ils peuvent être remis en question. Ce n'est pas parce que la science officielle a défini une certaine façon de pratiquer la médecine que celle-ci est efficace dans tous les cas et pour tout le monde.

– Je vais te donner un exemple, avait ajouté sa nouvelle compagne. Pendant des années, ma mère a eu mal aux genoux. Aucun des médicaments prescrits par les médecins n'a fonctionné. Il y a quelques semaines, je lui ai recommandé de suivre un traitement alternatif à base de plantes. Eh bien ses douleurs ont disparu très peu de temps après.

CHAPITRE 10

« ON N'EST PAS ÉCOUTÉS »

Je développe rapidement d'excellents rapports avec mes collègues de *La Vérité*. Je pensais tomber sur une bande de semi-dingos avec lesquels j'aurais le plus grand mal à converser, force est de constater que je me trompais.

C'est avec le Guérillero que mes relations sont les plus chaleureuses. Nous sommes l'un et l'autre de grands amateurs de basketball. Tous les midis, sur le chemin qui nous mène au restaurant asiatique où nous avons pris nos habitudes, nous discutons des derniers résultats de la NBA. Je suis un grand fan de Stephen Curry, le meilleur shooter de l'histoire, et de son équipe des Golden State Warriors. Lui supporte les San Antonio Spurs, l'ancienne équipe du Français Tony Parker et de l'actuel prodige Victor Wembanyama.

Parfois, nos conversations portent sur des sujets plus sérieux. Bien qu'il réfute toute appartenance à un parti, le Guérillero se situe à l'extrême gauche de l'échiquier politique. Avant de rejoindre *La Vérité*, il a travaillé en tant que journaliste à *Vivre FM*, puis a animé des groupes de parole inspirés du fonctionnement de la démocratie athénienne. Il en parle avec passion. « À l'époque, les philosophes descendaient dans la rue afin d'éclairer le peuple et de lui faire profiter de leurs savoirs. C'est ce dont on a besoin aujourd'hui. »

Il s'est beaucoup investi dans le mouvement des Gilets jaunes. Pour ma part, je résidais en Turquie quand les manifestations ont commencé.

Lorsque nous abordons la question, alors que nous attendons devant le restaurant que notre nourriture soit prête, je confie au Guérillero ma réserve face à la radicalité du mouvement. Il affiche une moue dubitative.

– Oui, il y a eu des violences. Mais pourquoi ? Parce qu'on n'est pas écoutés. Quand je vois que des traders gagnent cent fois plus que les gens de ma famille qui sont ouvriers ou paysans, je me dis que c'est pas normal. Il n'y a rien qui le justifie. Ils ne sont pas plus utiles socialement. Les médias ont beaucoup parlé des violences, mais il faut comprendre pourquoi elles ont eu lieu. Mon père a fini par dire qu'il fallait brûler une préfecture. Pas parce qu'il est violent, mais parce qu'il se disait qu'il n'y avait plus que ça à faire pour qu'on nous entende.

Je retrouve dans ses mots la même révolte face aux inégalités sociales que chez mon frère. Celle-ci n'a pas attendu qu'il devienne conspirationniste pour germer. Toute mon enfance, je l'ai entendu pester contre les bas salaires. « J'aimerais bien les voir, ces mecs qui nous gouvernent, essayer d'élever une famille avec un Smic », me lança-t-il une fois alors que nous regardions un débat où deux hommes politiques s'écharpaient sur le coût de la vie. Quand il est devenu complotiste, cette indignation s'est muée en colère.

De retour dans les locaux de *La Vérité*, je tombe nez à nez avec Blanche-Neige, la quinquagénaire à la petite voix. Elle m'attrape les mains.

– Elliot. Fallait que je te parle. Ce matin, j'ai encore lu une étude sur les effets secondaires du vaccin. C'est terrible. Tu ne dois surtout pas faire de troisième dose. Il faut que tu parles à ta grand-mère.

Je suis touché qu'elle se préoccupe de ma santé alors que nous nous connaissons à peine. Au sein de la rédaction, Blanche-Neige s'occupe d'éplucher les études qui alertent sur la nocivité des vaccins. Contrairement à ce qu'on pourrait imaginer, celles-ci ne sont pas publiées par des hurluberlus convaincus que le Covid-19 est une création de Bill Gates, mais par des chercheurs qualifiés. Parmi ces derniers, on trouve par exemple le professeur Luc Montagnier, codécouvreur du virus du sida et Prix Nobel de médecine 2008, qui postule que le vaccin pourrait développer des maladies à prions, dont la forme la plus connue est celle de Creutzfeldt-Jakob. Il y a aussi le cardiologue américain de renommée mondiale Peter A. McCullough, pour qui les vaccins contre le Covid-19 présenteraient non seulement de nombreux effets indésirables, mais seraient en plus de « superpropagateurs » du virus. Les propos des deux hommes leur ont valu d'être marginalisés par la communauté scientifique.

– D'où te vient ton intérêt pour la médecine ? j'interroge Blanche-Neige pour éviter la question de ma vaccination.

Elle me raconte son parcours. Dans sa jeunesse, elle a intégré la prestigieuse classe d'écriture du Conservatoire de Paris, où elle a notamment eu pour professeur le compositeur Pierre Boulez. Également passionnée de cinéma, elle a ensuite composé les musiques de plusieurs films. Elle a aussi donné des cours à l'université ou rédigé des articles pour l'encyclopédie *Universalis*.

– J'ai toujours aimé les sciences. Enfin, surtout la biologie, pas trop la physique. Et puis… je suis tombée malade.

À l'instar de mon frère, la défiance de Blanche-Neige à l'égard des discours officiels semble avoir pris racine à une époque de sa vie où elle était confrontée à des ennuis de santé. Lorsqu'elle a appris qu'elle était malade, elle s'est beaucoup documentée au sujet de la santé. Ses lectures lui ont par exemple suggéré de prendre une cinquantaine d'antioxydants par jour, en plus des médicaments prescrits par les médecins. En parallèle, elle a entamé une correspondance avec le professeur Henri Joyeux, cancérologue renommé mais aussi figure du mouvement antivax.

En 2015, cet ancien membre de l'Académie nationale de chirurgie s'est fait connaître du grand public en publiant une pétition dénonçant la pénurie du vaccin DTPolio (qui protège contre la diphtérie, le tétanos et la polio) au profit de l'Infanrix Hexa (qui combine non pas trois mais six vaccins), auquel il reprochait de contenir « de l'aluminium et du formaldéhyde, deux substances dangereuses voire très dangereuses pour l'humain et en particulier le nourrisson, pouvant notamment provoquer une grave maladie, la myofasciite à macrophages ». Le médecin mettait également en garde contre la présence, dans l'Infanrix Hexa, du vaccin contre l'hépatite B, « soupçonné [d'avoir] un lien avec la sclérose en plaques ». Sa pétition en ligne a rencontré un énorme écho et a obtenu, à ce jour, plus d'un million de signatures. Le professeur Joyeux a suscité de nombreuses controverses. Il a été radié de l'Ordre des médecins en 2016. Cette décision a été annulée en 2018, mais le Conseil d'État a cassé cette annulation en 2019[5].

Blanche-Neige est encore pleine de gratitude à l'égard du professeur Henri Joyeux. « Heureusement qu'il était là. Il m'a beaucoup aidée », me confie-t-elle.

À ce propos, elle me raconte que la semaine précédente, Chiara, l'alternante italienne, a insisté pour qu'elle consulte un chaman afin de soigner son problème de voix.

– J'avais beau lui expliquer que ça ne servait à rien, qu'une partie de mes cordes vocales était sectionnée, elle insistait, elle insistait. Elle est gentille, mais elle est vraiment perchée…

---

5. En septembre 2023, l'Ordre des médecins lui a interdit d'exercer pendant deux ans, à compter de janvier 2024.

CHAPITRE 11

« JE ME SUIS VU MOURIR »

Fin août 2011. Avec mon frère, nous déambulons sur le Vieux-Port de Marseille. Cela faisait près de six mois que je ne l'avais pas vu. Ces dernières semaines, il a remonté la pente grâce à sa rencontre amoureuse avec Florence. Il se présente comme un homme nouveau, qui redécouvre le bonheur après des années de souffrance. Pourtant, je ne peux m'empêcher d'être sur la réserve.

– Tu m'as servi ce couplet trop de fois, je lui dis.

– Oui, mais cette fois, c'est différent.

– Pourquoi ?

– Parce que j'ai décidé d'être honnête, pour être sûr que je ne déconnerais pas à nouveau.

Je le regarde dans les yeux.

– De quoi on parle, exactement ?

Il hésite un instant, puis me déballe tout. Il m'explique qu'en réalité, il n'a jamais cessé de prendre des produits. De l'héroïne, bien sûr, et surtout des substituts. Pendant plusieurs années, il a réussi à gérer la situation, se contentant de prendre de faibles quantités et uniquement la nuit. Mais quand il est entré en dépression, il n'a plus été en mesure de se contrôler.

Au fil de son récit, beaucoup de choses s'éclaircissent. Je comprends désormais pourquoi il avait toujours des problèmes d'argent malgré son salaire de bibliothécaire et celui de sa femme, directrice d'une société d'assurance. Je le revois aussi s'éclipser quasi quotidiennement pour, prétendait-il, « aller chercher du tabac ».

– En fait, j'allais acheter du Dicodin.

– C'est quoi ?

– Un dérivé de l'opium. C'est similaire à ce que prend le Dr House dans la série.

– Mais c'est en vente libre ?

– Oui et non. T'as le droit d'en acheter une boîte par jour à la pharmacie. Sauf que moi, il m'en fallait quatre. Du coup, je faisais le tour des pharmacies.

Plus tard, une rapide recherche sur le Net m'informe que le Dicodin est un opiacé qui sert à soulager des douleurs considérées comme « modérées à sévères ».

Nous continuons à flâner dans les rues marseillaises. Sa main est posée sur mon épaule, comme il le faisait quand j'étais enfant. Il fait encore chaud en ce début de soirée. Nous nous installons à la terrasse d'un restaurant.

– Qu'est-ce qui t'a décidé à arrêter ? je le questionne.

– J'étais arrivé à un stade où je pense que j'étais quotidiennement au-dessus de la dose mortelle. Un soir, je me suis vu mourir. Ça a été un premier déclic. Puis j'ai rencontré Florence.

Il m'explique qu'il a commencé à voir une addictologue et que, en plus de Florence, il a informé tous ses amis de ses problèmes passés.

– Comme ça, je sais que j'ai des garde-fous si je dérape à nouveau.

Un serveur en chemise blanche vient poser deux verres de rosé à notre table.

– Et bien, à ta nouvelle vie, dis-je en levant mon verre.

– Oui frangin. Ça va aller, maintenant.

L'instant d'après, il me serre dans ses bras.

CHAPITRE 12

NANOPARTICULES

Dimanche 14 novembre 2021. Mon réveil sonne à 6 heures. Plus tôt dans la semaine, je me suis porté volontaire pour couvrir le rassemblement anti-pass vaccinal qui se tient aujourd'hui au mont Valérien. Le lieu n'a pas été choisi au hasard. Durant la Seconde Guerre mondiale, plus de mille résistants et otages français y furent exécutés, notamment les membres du réseau Manouchian, les célèbres « libérateurs » de l'Affiche rouge. Le site fut ensuite choisi pour ériger le Mémorial de la France combattante, inauguré en 1960 par le général de Gaulle. C'est ainsi que les opposants à la politique sanitaire se perçoivent : des héritiers de la Résistance française, luttant pour la liberté et contre les lois iniques d'un régime que certains considèrent comme dictatorial.

Le mont Valérien est à deux heures de transport de chez moi. La météo n'est guère engageante : le thermomètre approche du zéro, il pleuviote et, pour couronner le tout, j'ai fait la fête jusqu'à 3 heures du matin. Je me lève péniblement, la tête endolorie par les excès de la veille.

Je croyais que cette journée allait réunir une centaine de militants tout au plus, mais sur place je découvre qu'une foule de près d'un millier de personnes s'est rassemblée. Sur la route pentue qui mène au point de rassemblement, les manifestants ont constitué une immense chaîne humaine, symbole de leur unité.

Parmi eux, Martine, une femme d'une soixantaine d'années, trois fois grand-mère. « J'adore *La Vérité.* Je vous lis tous les jours », sourit-elle lorsque je me présente. Avec son visage rond et ses petites lunettes, elle dégage une bienveillance et une bonhomie qui me rappellent ma grand-mère.

Je la questionne sur les raisons qui l'ont conduite ici. « J'ai peur que le gouvernement instaure l'obligation vaccinale. Pour moi, ce n'est pas grave, mais je ne veux surtout pas que mes enfants et mes petits-enfants soient obligés de s'injecter un vaccin expérimental. Alors je suis venue pour dire "non". »

Un peu plus loin, un podium a été installé à proximité de la flamme de la Résistance. La généticienne Alexandra Henrion-Caude est la première à s'y hisser pour prendre la parole. Le regard bleu azur, les cheveux blonds grisonnants, cette ex-directrice de recherche à l'Inserm (Institut national de la santé et de la recherche médicale) de 52 ans est l'une des égéries du mouvement anti-pass sanitaire. Fréquemment invitée dans les médias alternatifs, comme *La Vérité* ou TV Libertés, mais aussi dans les médias *mainstream*, l'ancienne doctorante d'Axel Kahn répète à l'envi que les vaccins à ARN messager risquent de « nous modifier génétiquement ». En septembre 2020, elle a également affirmé que les tests PCR utilisés dans la détection du Covid-19 atteignaient « une petite structure qu'on appelle la plaque cribriforme », présentée selon elle par la littérature scientifique « comme étant un lieu qui permettrait de passer des nanoparticules, donc des nouveaux modes de thérapie, directement au niveau du cerveau[6] ».

6. Propos tenus dans une vidéo figurant notamment dans l'article « Antivaccin, plainte contre Axel Kahn... 3 choses à savoir sur Alexandra Henrion-Caude, la figure de proue des "antivax" », *La Dépêche*, 25 mai 2021.

Ces propos tendaient à rejoindre une rumeur qui courait alors depuis plusieurs semaines, sous-entendant que les tests PCR étaient utilisés à d'autres fins que celles de déceler la présence du virus. Elle tirait son origine d'une illustration publiée le 7 juillet 2020 sur Facebook par un conspirationniste australien très suivi sur la Toile, David Oneeglio, plus connu sous le pseudonyme de Dave Oneegs. L'illustration montre un test réalisé par écouvillon superposé à une imagerie cérébrale. En légende, il est écrit : « Je me demandais pourquoi le test PCR pour le Covid-19 devait remonter si loin et cela m'a amené à me demander… jusqu'où va-t-il ? J'ai donc fait quelques recherches, j'ai trouvé ces deux images et je les ai superposées. […] La barrière hémato-encéphalique se trouve exactement là où le test par écouvillon doit être réalisé. Coïncidence ??? Je ne le pense pas. »

En quelques heures, ce post a été partagé plus d'un millier de fois à travers le monde. Dans la sphère francophone, cette théorie fut diffusée le jour même par un blogueur canadien, Claude Gélinas[7], qui comptait alors près

---

7. « Coronavirus : non, les tests PCR ne sont pas dangereux pour la santé », *20 Minutes*, 16 janvier 2020.

de dix mille abonnés sur sa page Facebook. « Écouvillons = danger ! [...] Votre cerveau est protégé contre des substances potentiellement nocives dans la circulation sanguine par une structure en forme de clôture appelée barrière hémato-encéphalique. [...] Les testeurs avec leurs écouvillons – qu'ils vous rentrent (vraiment loin) jusqu'à TOUCHER la DERNIÈRE BARRIÈRE PHYSIQUE avant d'arriver à votre cerveau – mettent votre barrière hémato-encéphalique EN DANGER », alerte-t-il ses followers, lesquels ne manquent pas, à leur tour, de relayer abondamment cette mise en garde.

Dans un discours d'une demi-heure, Alexandra Henrion-Caude revient sur les raisons qui la motivent « à ne pas rester silencieuse, après une vie entière consacrée à la recherche, au prix de nombreux sacrifices ». Devant un public qui boit ses paroles, elle alerte sur le caractère cancérogène des vaccins, les risques d'infertilité qu'ils font peser sur les générations futures, ou encore leur manque d'efficacité. À ma gauche, deux femmes éclatent en sanglots et se prennent dans les bras.

C'est ensuite au tour du professeur Christian Perronne de s'exprimer. Tout comme Alexandra Henrion-Caude, il fait partie des rares scientifiques renommés à avoir rejoint la sphère covidosceptique. Au début de l'épidémie, celui qui dirige alors le service des maladies infectieuses de l'hôpital de Garches (Hauts-de-Seine) prend fait et cause pour le traitement à base d'hydroxychloroquine promu par le professeur Didier Raoult. Au mois de juin 2020, il publie un pamphlet[8] dans lequel il brocarde la gestion de la crise sanitaire par le gouvernement et le Conseil scientifique, dénonçant la collusion de certains membres de ce dernier avec l'industrie pharmaceutique.

Dans la foulée, il énonce sur BFM TV que vingt-cinq mille personnes auraient pu être sauvées si on avait autorisé les médecins à prescrire massivement de l'hydroxychloroquine. Puis, en octobre, il affirme sur Sud Radio : « Un médecin généraliste qui déclare un test Covid pour l'un de ses patients touche de l'argent. Donc il a intérêt à faire beaucoup de tests, et, par chance, de temps en temps, il va en avoir un qui est positif, et c'est le jackpot pour les hôpitaux et les services. » Pour l'AP-HP (Assistance publique-Hôpitaux de Paris), c'est la goutte d'eau. Le 17 décembre, l'établissement annonce

---

8. Christian Perronne, *Y a-t-il une erreur qu'ils n'ont pas commise ?*, Albin Michel, 2020.

que Christian Perronne est démis de ses fonctions à l'hôpital de Garches.

Lors de sa prise de parole, ce dimanche matin, l'infectiologue déchu affirme que personne parmi les membres du Conseil scientifique ou les médecins invités sur les plateaux de télévision n'ose se lancer dans un débat contradictoire avec lui. « Je leur ai proposé, mais ils refusent parce qu'ils ont peur de la vérité. Ils n'ont pas d'arguments », dénonce-t-il sous les acclamations de la foule.

Aux alentours de midi, je retrouve Achille Araz, mon rédacteur en chef, arrivé un peu plus tard à la manifestation.

– Je vais crever, lui dis-je en prenant un air affecté au moment de lui serrer la main.

– Pourquoi, tu as froid ?

– Non, bien pire : je suis vacciné ! T'as pas idée de tout ce que j'ai entendu ce matin.

– Allez, t'inquiète pas. Si t'as pas eu d'effets secondaires jusqu'à maintenant, il n'y a pas de raison pour que tu en aies plus tard, rit-il en me donnant une tape dans le dos.

Au bout de quelques minutes, nous sommes accostés par un groupe de trois hommes.

– Vous êtes bien le journaliste de *La Vérité* ? demande l'un d'eux à l'adresse d'Achille.

Il acquiesce. Comme Achille réalise les interviews dans les entretiens vidéo, il lui arrive régulièrement d'être reconnu dans ce genre de rassemblements.

– C'est vraiment génial, ce que vous faites. Continuez comme ça. On peut prendre une photo avec vous ?

– Bien sûr, avec plaisir, répond mon collègue.

Juste après avoir pris le cliché, l'un des hommes lui tend son smartphone.

– Je peux vous passer ma sœur ? C'est une grande fan de *La Vérité*, elle aussi.

Je me dirige vers Mervyn, l'un des organisateurs. Je lui confie ma surprise de voir qu'autant de personnes ont répondu à l'appel.

– C'est une bonne chose. Maintenant, il faut qu'on aille convaincre ceux qui sont encore sur la ligne du gouvernement. On peut continuer à se réunir comme ça, entre nous, pendant mille ans. Mais cela ne sert pas à grand-chose tant qu'on restera minoritaires, analyse l'homme d'une trentaine d'années, les cheveux coupés ras.

Quand je reviens auprès d'Achille, il est en train de prendre des photos avec un autre groupe d'admirateurs.

CHAPITRE 13

PARCS ANIMALIERS ET BIG PHARMA

D'ordinaire, Achille Araz décide des sujets que je dois traiter. Mais ce matin, exceptionnellement, c'est Yolain Racine, le propriétaire et directeur de publication de *La Vérité*, qui me charge de la rédaction d'un article.

– Tu as regardé l'intervention de Philippe Bas en commission, hier ? me demande-t-il.

Ce dernier est président du groupe Les Républicains au Sénat.

– Non. Qu'est-ce qui s'est passé ?

– Il a déclaré qu'il se félicitait du soutien financier de l'État aux parcs animaliers. Et comme il y a pas mal de zoos dans le département où il est élu, la Manche, il faudrait faire un papier suggérant que c'est pour ça que la droite a voté en faveur du pass sanitaire.

Ce raisonnement me semble rapide. J'argumente auprès de Yolain Racine : Les Républicains ne se sont jamais opposés au principe du pass sanitaire. Leurs seuls désaccords avec le gouvernement portent sur la suspension des salariés refusant de se faire vacciner, ainsi que sur la durée des restrictions.

– Honnêtement, je ne crois pas que le soutien de Philippe Bas au pass sanitaire soit lié aux aides apportées par l'État aux parcs animaliers, je finis par dire. En tout cas, aucun fait ne vient étayer l'existence d'un tel lien.

– Il ne faut pas que tu l'écrives de but en blanc. Seulement que tu le sous-entendes, réplique Yolain.

– Cela revient au même, intervient Achille Araz.

Je lui fais un petit signe de tête pour le remercier et ajoute :

– Si encore il saluait le soutien de l'État aux industries pharmaceutiques installées dans sa circonscription, je comprendrais. Mais là, il s'agit de zoos…

– Tu sais, Elliot, la filière zoologique travaille de concert avec Big Pharma. Il est là, le lien, répond Yolain.

Mon patron repart dans son bureau, non sans répéter qu'il veut que cet article soit publié avant la fin de la matinée. Je me demande comment je vais me dépêtrer d'un bourbier pareil. L'espace d'un instant, j'ai l'espoir qu'Achille Araz m'autorise à abandonner cet article. Mais à ma grande déception, il ne dit rien et file quelques minutes plus tard à un rendez-vous.

Après son départ, j'explique l'affaire au Gendre idéal, qui vient d'arriver, et lui confie ma réserve.

– Si tu ne le sens pas, il ne faut pas le faire, me conseille-t-il. Tu ne dois pas te sentir gêné. Moi, dès le premier jour, je faisais savoir quand je n'étais pas d'accord. *La Vérité*, c'est un endroit où on peut débattre. Parfois, Yolain a tendance à s'emballer.

Je suis surpris de cette réponse. Et rassuré, aussi. Alors je décide de ne pas rédiger cet article.

Moi qui avais l'impression que le Gendre idéal se méfiait de moi depuis qu'il avait appris que j'étais vacciné, je découvre au contraire que l'échange que nous venons d'avoir a ouvert un canal de discussion entre nous. Il se met à me raconter son adolescence, quand il préférait l'isolement de sa chambre aux contacts avec les autres jeunes de son âge. Durant cette période, il jouait en moyenne huit heures par jour à *League of Legends*, un des jeux en ligne les plus populaires au monde. Mais devenu étudiant, il s'est mis à lire des livres sur la santé et les médecines alternatives. « Ça a supplanté mon intérêt pour les jeux vidéo. » Il avait 21 ans quand il est arrivé à *La Vérité,* en mars 2021, comme stagiaire. Il a ensuite répondu favorablement à l'offre de CDI qui lui était faite.

– À la base, j'envisageais de faire Sciences Po. Mais vu qu'il fallait se faire vacciner, j'ai laissé tomber. En plus, je me suis dit que c'était une bonne chose d'avoir un premier poste dans la presse. Ça me permet d'apprendre le métier.

Il m'explique que son choix de ne pas se faire vacciner n'est pas lié à une quelconque crainte des effets secondaires.

– C'est plutôt une question de principe. Je ne veux pas être un collabo, assène-t-il avec conviction. À mon avis, dans le futur, deux sociétés coexisteront. D'un côté, ceux qui acceptent le mondialisme avec tout ce que ça comporte : le revenu universel, le traçage, l'eugénisme, la malbouffe, etc. Et de l'autre, ceux qui prendront le parti d'un retour à la terre, d'une vie plus simple axée sur le bien-être, l'épanouissement de soi, les médecines naturelles…

Le lendemain, un nouveau débat anime la rédaction. Une caricature publiée sur le site de

La Vérité compare le statut des non-vaccinés avec celui des Juifs durant la Seconde Guerre mondiale. Étant moi-même d'origine juive, je confesse devant toute l'équipe que je trouve ce dessin indécent.

– Il y a quand même un monde, j'argumente, entre ne pas pouvoir entrer dans un restaurant et être envoyé dans un camp de la mort.

– Le principe est le même, rétorque le Gendre idéal. Ce qui est dramatique, c'est qu'on n'apprend pas de l'Histoire.

Le reste de l'équipe est partagé. Finalement, Achille Araz décide de dépublier la caricature incriminée.

– Ça risque de créer une polémique inutile. En plus, il y a déjà eu beaucoup de dessins sur ce thème, se justifie-t-il.

C'est la première fois que je m'oppose ouvertement à une publication et que je donne mon avis sans me censurer, comme je l'aurais fait dans n'importe quelle rédaction. Non seulement cela n'a suscité aucune polémique avec mes collègues, mais, plus encore, Achille Araz s'est laissé convaincre par mes arguments. Cela m'a montré que le dialogue était possible.

À partir de ce jour-là, je n'hésiterai plus à faire entendre ma voix quand j'estimerai que nous allons trop loin. Dans nos discussions informelles aussi, je ne m'empêcherai plus de donner mon opinion. Par exemple, je dirai à quel point je trouve farfelue la thèse, très en vogue chez les conspirationnistes, selon laquelle Joe Biden aurait triché lors de l'élection présidentielle américaine de 2020. Là encore, ma prise de position n'engendrera aucune hostilité.

D'une manière générale, je me suis rendu compte au fil des semaines que les journalistes de *La Vérité* n'étaient pas les dingos que j'avais imaginés. Certes, ils sont volontiers convaincus que les gouvernants mentent, que le vaccin à base d'ARN messager est nocif ou encore que le nombre de morts du Covid-19 a été gonflé, mais leurs croyances ne les éloignent pas du sens commun.

Durant le week-end, j'écris un message au Gendre idéal pour savoir comment se porte sa compagne, qui vient d'être testée positive au Covid-19.

« Hello. C'est très gentil à toi de t'en soucier. Elle va un peu mieux, mais ce n'est pas encore la grande forme. On attend de voir. Normalement, elle doit reprendre le boulot mercredi », me répond-il. Quelques instants plus tard, il m'envoie un nouveau message : « Je voulais aussi te dire, par rapport à l'autre matin où je t'ai montré le dessin sur les Juifs : n'étant pas croyant, et souvent trop franc, ça m'arrive d'être très maladroit. Donc je te demande pardon, ça n'était absolument pas méchant, et sans aucun sous-entendu. »

CHAPITRE 14

TOXICOMANIE DE LA HAINE

Septembre 2014.

– Allo, Elliot ? Tu sais où je suis ?

– Oui, frangin, je t'ai eu hier au téléphone.

– Désolé, je m'en souviens pas. Hier, ils m'ont filé onze Tranxene, tu te rends compte ? Quand Florence a vu dans quel état j'étais, elle est allée parler au médecin pour qu'il diminue les doses.

– Mis à part le surdosage d'anxiolytiques, comment se passe ta cure ? je le sonde. C'est pas trop difficile ?

– Non, ça va. Il y a juste un dealer qui est venu dans ma chambre un soir pour essayer de me fourguer de la came.

– Votre bâtiment n'est pas fermé ?

– Faut croire que non. Quand je lui ai demandé de me foutre la paix, ça l'a tellement énervé qu'il a essayé de piquer mon téléphone portable.

J'éclate de rire face à tant d'amoralité et secoue la tête.

Le séjour de mon frère en centre de désintoxication, qui intervient au moment où je m'apprête à faire ma rentrée à l'Institut pratique du journalisme (IPJ), est l'aboutissement d'un long processus. Comme me l'a expliqué un jour un psychiatre spécialisé en addictologie, on ne traite plus les drogués en les enfermant du jour au lendemain dans un espace clos afin de les sevrer. « On s'est aperçu que cela ne servait à rien. Quand ils sortent, la plupart du temps, ils replongent, car ils ne savent pas comment occuper leur temps libre. »

Ces trois dernières années, mon frère a ainsi réduit graduellement sa consommation de psychotropes et a appris à organiser sa vie sans que la drogue soit au centre de ses préoccupations. S'il s'agissait d'une fiction, cela aurait pu constituer une fin à la *Trainspotting*. Dans la dernière scène du film culte de Danny Boyle, on voit le héros, Mark Renton, se livrer à un monologue doux-amer après avoir décidé d'arrêter l'héroïne : « Je vais changer. Tout ça est bien fini. Désormais je suis clean. J'avance dans le droit chemin, je choisis la vie. J'en jubile à l'avance. Je vais devenir comme vous. Le boulot, la famille, la super téloche, la machine à laver, la bagnole, la platine laser et l'ouvre-boîte électrique, la santé, le cholestérol, une bonne mutuelle, les traites, la baraque, le survêt, les valises, les costards trois pièces, le bricolage, les jeux télé, le McDo, les mômes, les balades en forêt, le golf, laver la voiture, tout un choix de pulls, les Noëls en famille, les plans d'épargne, les abattements fiscaux, déboucher l'évier, s'en sortir, voir venir le jour de sa mort. »

J'ai visionné cette scène des dizaines de fois. Quand mon frère m'a fait part de son intention de décrocher, j'ai cru que c'était cette vie-là qu'il allait désormais viser. Sauf que ce n'est pas du tout ce qui s'est passé.

Mon frère a commencé à s'intéresser à des théories alternatives. Cela s'est enclenché avec le mystère des pyramides, puis tout s'est enchaîné très vite : la présence d'une vie extraterrestre sur Terre, l'énergie libre, le 11-Septembre, l'assassinat de JFK, l'existence d'une planète cachée dans le système solaire…

Maintenant qu'il est libéré de ses addictions et dispose de beaucoup plus de temps libre, mon frère est d'autant plus branché sur Internet. Il s'est mis à suivre les conférences de Norton Mabille[9],

---

9. Le nom de l'homme politique a été changé.

le fondateur du parti des Éveillés[10]. Depuis, il ne jure que par lui et prêche sa cause avec la ferveur d'un nouveau converti, ce qui a le don d'excéder ma grand-mère. « Dès que j'ai ton frère au téléphone, il me rebat les oreilles avec son Norton Mabille. Je lui ai dit mille fois que ça ne m'intéressait pas, mais il continue ! »

Diplômé de l'ENA, dont il est sorti major de promotion, Norton Mabille a commencé sa carrière politique comme conseiller pour divers ministres de droite, avant de devenir directeur de cabinet de Charles Pasqua au conseil général des Hauts-de-Seine de 2001 à 2004. Membre de l'UMP (Union pour un mouvement populaire) de 2004 à 2006, il quitte le parti « par opposition à sa ligne européenne et sa position d'alignement sur les États-Unis », et crée son propre mouvement politique d'inspiration gaulliste, quelques mois plus tard, dans l'anonymat le plus complet.

Il se met alors à sillonner la France pour mener des conférences où il plaide pour la sortie de l'Union européenne, à laquelle il attribue tous les maux de la France. Il adopte aussi une ligne antiaméricaine.

---

10. Le nom du parti a été changé.

D'abord confidentielle, sa parole gagne en audience grâce à Internet où il se montre particulièrement actif et diffuse ses interminables monologues. Sa propension à voir la main de la CIA partout et à dénoncer les technocrates de Bruxelles lui attire la sympathie d'une bonne partie des complotistes, dont mon frère.

À mesure que ce dernier s'est détaché de ses addictions, sa vision du monde est devenue de plus en plus sombre. À bien y réfléchir, je me demande même s'il n'a pas remplacé une dépendance par une autre. « Les croyances complotistes produisent une véritable "dépendance cognitive" qui a notamment pour effet une "toxicomanie de la haine", une haine exclusivement fixée sur des complots et des conspirateurs chimériques[11] », écrit l'universitaire Pierre-André Taguieff.

Plus rien, aujourd'hui, ne trouve grâce à ses yeux. Le cinéma ? Confisqué par les grandes maisons de production. La science ? Soumise aux lobbys et à la nécessité de faire des profits. L'école ? Détruite par les restrictions budgétaires imposées par Bruxelles et le carriérisme de ceux

---

11. *Les Théories du complot*, PUF, collection « Que sais-je ? », 2021.

qui sont censés la défendre. Un monde regardé en noir et blanc, toujours.

– J'ai voulu louer un emplacement dans un camping : 40 euros la journée. Ce monde me dégoûte. Il n'a plus aucun sens de la valeur des choses, m'a-t-il écrit un jour.

Toutefois, même si ses nouvelles lubies et son pessimisme carabiné m'inquiètent, je me dis qu'il ne s'agit là que d'une passade consécutive à toutes les épreuves qu'il a traversées ces dernières années. Une fois qu'il en aura vraiment terminé avec ses addictions, j'ai bon espoir que sa vision des choses prendra un tour plus conventionnel.

Comme toujours, mes espérances vont s'avérer hors-sol.

CHAPITRE 15

LE FILOU

Novembre 2021. Ce lundi, avant notre conférence de rédaction hebdomadaire, Yolain Racine revient sur la semaine qu'il vient de passer au Brésil. Là-bas, m'assure-t-il, il a notamment rencontré le chef du renseignement et le numéro deux du gouvernement.

– J'aurais aussi dû voir Bolsonaro. Mais bon, c'était compliqué pour lui d'être vu en ma compagnie.

Yolain Racine ne tarit pas d'éloges sur le président brésilien. Depuis le début de la pandémie, le leader d'extrême droite s'est distingué du reste des dirigeants de la planète en niant la gravité du Covid-19 et en faisant la promotion active de l'hydroxychloroquine. La preuve, selon le directeur de *La Vérité*, que le régime brésilien est

l'un des seuls à ne pas s'être laissé corrompre par « l'oligarchie mondialiste ».
– Mais c'est hyper chaud, là-bas. Les mecs risquent leur peau tous les jours. Un soir, en sortant du restaurant, on nous a carrément tiré dessus, lance-t-il au détour de la conversation.

Mon patron nous raconte qu'il aurait donc échappé à une tentative d'assassinat en compagnie du chef des services secrets. Aucune trace de l'épisode dans la presse. L'histoire est invérifiable. Assise en face de lui, l'Actrice ne semble pas douter de la véracité de l'anecdote.
– Pourquoi ont-ils voulu t'assassiner ? lui demande-t-elle, inquiète.
– Parce que je suis identifié, que je le veuille ou non. Dès que je suis arrivé, des gens m'ont approché pour essayer de m'acheter. C'est comme ça que ça fonctionne, là-bas. Les journalistes ne sont même plus payés par leurs journaux. Les labos écrivent les articles à leur place, ils leur filent mille dollars, et eux ont juste à apposer leur signature.

Sur un ton flegmatique, il ajoute :
– En fait, c'est moi qui vais me prendre les balles, et vous, vous récolterez les lauriers. Mais ce n'est pas gênant. Ça n'a aucune importance.

Moins d'une semaine plus tard, il nous raconte une autre histoire rocambolesque. Cette fois-ci, la scène se serait déroulée dans le TGV qui le ramenait de Marseille, où il était parti interviewer le professeur Raoult. Une scène impliquant des policiers, un vrai-faux médecin et lui-même. « Quand il part dans ses délires, je fais semblant de l'écouter et j'attends qu'il ait fini », me confie un membre de la rédaction, avant d'ajouter : « Tu verras, il a aussi l'habitude de tester ses théories les plus farfelues sur nous. »

– Qu'est-ce que tu entends par là ?

– Par exemple, il va dire quelque chose d'énorme, genre « il y a une puce dans les vaccins », et il va attendre de voir nos réactions. S'il remarque qu'on ne prend pas vraiment l'information au sérieux, il va dire que lui non plus et va passer à autre chose. Si, au contraire, on y accorde un minimum de crédit, il va nous demander d'écrire un article sur le sujet. C'est un filou, Yolain.

CHAPITRE 16

L'ARISTOCRATE

Dimanche 5 décembre 2021. Je navigue entre les travées du parc des expositions de Villepinte où se tient le premier meeting d'Éric Zemmour. Achille Araz est censé me rejoindre plus tard. L'ambiance me rappelle celle des stades de football. Des écrans géants installés un peu partout diffusent des images de la campagne pendant que les enceintes poussées à fond crachent une musique galvanisante. « Z, Z, Z, Z », hurle autour de moi une foule extatique d'une dizaine de milliers de personnes, bardée de drapeaux tricolores.

Au bout d'un moment, un des membres du staff m'invite à rejoindre le coin presse, situé à proximité de la scène. J'éprouve une certaine honte à m'installer aux côtés des autres journalistes avec mon badge *La Vérité* autour du cou.

Juste derrière moi, j'aperçois Geoffroy Lejeune, le rédacteur en chef de *Valeurs actuelles*, et Charlotte d'Ornellas, la chroniqueuse phare de l'hebdomadaire d'extrême droite. Une femme située à quelques mètres les interpelle :

– Excusez-moi ! Je tenais d'abord à vous féliciter pour le travail que vous faites. Je voulais aussi vous demander pourquoi les journalistes ne parlent jamais des versets du Coran qui disent de façon explicite que les femmes sont inférieures aux hommes et qu'il faut égorger les mécréants.

En entendant ces mots, je ne peux m'empêcher de faire le parallèle avec le discours d'Alain Soral. Dans les vidéos qu'il diffuse sur Internet depuis près de quinze ans, l'ancienne plume de Jean-Marie Le Pen explique à qui veut l'entendre que les juifs se voient comme le « peuple élu » et considèrent que les « goys » sont des animaux. « C'est écrit noir sur blanc dans leur livre saint », martèle celui qui fut un temps le chef de file de l'extrême droite la plus antisémite et le penseur complotiste le plus écouté sur la Toile.

De son côté, Charlotte d'Ornellas bredouille qu'elle ne peut pas s'exprimer au nom des autres journalistes, mais que *Valeurs actuelles* a publié plusieurs articles sur l'incompatibilité supposée d'un certain islam avec la République.

Quelques instants plus tard, Achille Araz arrive à son tour.

Avec plus d'une heure de retard, Éric Zemmour fait son entrée sur scène, les deux bras levés, sous les ovations du public. Durant le discours de près d'une heure et demie qui s'ensuit, le président du parti Reconquête tourne en dérision les accusations de racisme et de misogynie portées contre lui, présente ses grands axes de campagne et appelle les figures de l'aile dure des Républicains – Éric Ciotti en tête – à le rejoindre.

– Alors, qu'est-ce que tu en as pensé ? je demande à Achille une fois la prise de parole terminée.

– Je trouve qu'il a plutôt bien réussi sa mue en candidat. Maintenant, il faut voir s'il va bénéficier du soutien d'une partie de la droite, répond-il.

Achille Araz connaît bien le monde politique. D'origine aristocratique, il a participé activement en 2019 à la campagne pour les élections européennes de François-Xavier Bellamy, le candidat des Républicains, qu'il connaissait par des amis communs. Le fait qu'il travaille pour *La Vérité*, qui plus est en tant que rédacteur en chef, a de quoi surprendre. Je n'ai jamais décelé chez lui une once de complotisme. D'ailleurs, le Gendre idéal m'a confié qu'il se demandait parfois s'il n'était pas une sorte d'infiltré.

Achille Araz ne croit pas que le Covid-19 soit une création de l'oligarchie mondialiste ou que le confinement ait été un prétexte pour asservir les populations. Ses critiques à l'encontre de la gestion de la crise sanitaire sont plus prosaïques. Pour lui, les mesures instaurées afin d'endiguer l'épidémie sont disproportionnées par rapport à la gravité réelle – qu'il ne nie pas – de la maladie. Il trouve aussi anormal qu'on impose à la population de s'injecter un vaccin sur lequel on n'a pratiquement aucun recul. Mais surtout, l'erreur fondamentale selon lui est de ne pas avoir cru à l'efficacité de l'hydroxychloroquine. « Pour moi, le déclic ça a été l'étude bidon du *Lancet* », me dit-il.

Publiée le 22 mai 2020 dans la prestigieuse revue médicale *The Lancet*, l'étude à laquelle il fait référence était censée démontrer que l'hydroxychloroquine augmentait la mortalité et les arythmies cardiaques chez les patients hospitalisés pour Covid-19. Aussitôt ces conclusions connues, le ministre de la Santé d'alors, Olivier Véran, avait décidé d'abroger le décret autorisant la prescription de cette molécule pour lutter contre la maladie. Or, il s'est avéré quelques jours plus tard que l'étude du *Lancet* était biaisée, voire frauduleuse.

– Cette affaire a complètement décrédibilisé l'intelligentsia scientifique. Je me souviens qu'une semaine après la publication de l'étude, alors qu'il était clair qu'il s'agissait d'une arnaque, tu avais Gilbert Deray, le chef du service de néphrologie à la Pitié-Salpêtrière, qui écrivait dans sa chronique du *Point* que cette étude était rigoureuse et qu'elle démontrait une bonne fois pour toutes l'inefficacité de l'hydroxychloroquine, fustige-t-il.

C'est à la suite de cet épisode qu'Achille Araz, juriste de formation, a contacté Yolain Racine pour intégrer *La Vérité*.

– Je trouvais ça pas trop mal, ce qu'ils faisaient. Mais j'avais remarqué certaines faiblesses sur le plan de l'écriture. Et puis certains articles étaient un peu trop… extrémistes. Il m'a fallu du temps pour faire comprendre à Yolain qu'on ne pouvait pas tout publier. Mais petit à petit, j'ai fini par mettre de côté les contributeurs les plus radicaux.

Âgé de 32 ans, Achille Araz a exercé quantité de professions : juriste, voiturier, serveur, vendeur par téléphone, *ghost writer* pour un homme politique, ramasseur de pommes ou encore conseiller en communication. Féru de littérature, d'histoire, de politique et de rugby, il partage également avec moi une admiration sans bornes pour feu Pierre Bénichou, ancien rédacteur en chef du *Nouvel Observateur* et chroniqueur de « la bande à Ruquier », souvent présenté comme l'une des personnalités les plus drôles de sa génération.

Sur Twitter, Araz dispose d'une douzaine de pseudonymes qu'il utilise au gré des circonstances afin de « troller » (provoquer sur les réseaux sociaux) certaines personnalités dont il réprouve les prises de position.

Achille Araz est le mur porteur de *La Vérité*. Un vrai bourreau de travail: ses journées commencent à 7 heures du matin et se terminent tard dans la soirée, souvent au-delà de minuit. Certains au bureau s'en inquiètent: « Il faut absolument qu'il prenne des vacances, sinon il va exploser », a déjà observé le Guérillero en ma présence.

En dépit de cette implication, Achille Araz ne donne pas l'air de se sentir investi d'une mission contre le régime d'Emmanuel Macron. Plus je le connais, plus j'ai le sentiment que c'est autre chose qui le motive: le plaisir de l'anticonformisme; la jouissance de ne pas être un rouage anonyme au sein d'une société qui l'ennuie. Pour lui, la vie semble être une longue promenade au pays de l'absurde. Un pays qu'il convient de ne pas prendre au sérieux. Il l'admet à demi-mot un jour où je lui demande pourquoi il n'a jamais essayé de travailler pour un journal traditionnel.

– C'est vrai que je me serais très bien vu bosser pour *Le Point* ou *Valeurs actuelles*. Mais je m'amuse plus à *La Vérité*.

CHAPITRE 17

LA TENTATION DE L'EXTRÊME DROITE

Avril 2017. La campagne présidentielle bat son plein. Mon frère a une nouvelle obsession : les sondages. Impossible pour lui d'admettre que Norton Mabille ne recueille que 1 % des intentions de vote, comme l'assurent les enquêtes d'opinion. Se basant sur les ratés des sondeurs à propos du Brexit et de l'élection de Donald Trump, il est convaincu que ces derniers se trompent, voire qu'ils tronquent leurs résultats à dessein.

Il n'est pas le seul. Le président du parti des Éveillés répète lui-même à qui veut l'entendre qu'il va créer la surprise. « Quand je suis dans la rue, je suis constamment abordé par des gens qui me disent : "c'est fantastique", "continuez" », raconte-t-il au cours d'une interview. Il précise que même si les sondages officiels lui donnent

0 %, dès que son nom apparaît dans un sondage en ligne, son parti affiche de bons scores.

De mon côté, j'effectue à ce moment-là mon stage de fin d'études au magazine *Le Point*. Un matin, Thomas, le chef du service où j'ai été affecté, me confie qu'il cherche des témoignages de complotistes pour un article qu'il prépare. Je lui parle alors de mon frère. Thomas le contacte, et programme l'interview pour l'après-midi même.

– Ton frère est très gentil, mais il est vraiment complotiste, souffle Thomas, un brin gêné, une fois qu'il a terminé.

Dans son article[12], celui qui est aussi mon maître de stage retranscrit ainsi les propos tenus par mon frère :

« *Philippe*[13] *se définit comme "un sceptique" : "La plupart des gens sont des benêts, des spectateurs qui gobent tout. De l'autre côté, il y a des gens qui utilisent leur tête, sont inquiets, en alerte, conscients des collusions des médias." Lui récuse le terme "complotiste" ("une étiquette pour nous faire taire") et affirme avoir une vision scientifique des événements. Philippe avance que de Pearl Harbor*

12. « La défaite de la vérité aura-t-elle lieu ? », *Le Point*, 22 avril 2017.
13. Le prénom de mon frère a été changé dans l'article.

au golfe du Tonkin, les Américains ont toujours su fabriquer de faux motifs pour entrer en guerre, que l'Union européenne est une créature des États-Unis ou que Walter Hallstein, l'un des pères de l'Europe, fut "juriste d'Adolf Hitler chargé d'élaborer une 'nouvelle Europe' avec Mussolini". [NdA : chrétien-démocrate, Hallstein n'a jamais été membre du Parti nazi, et en 1938 il n'a fait que du droit des contrats dans un groupe de travail avec des Italiens.] *D'où tire-t-il ses révélations ? Philippe dit "s'informer sur Internet, dans les archives, la presse étrangère". Mais on reconnaît aisément les thèses du documentaire conspirationniste "Zeitgeist" ou des conférences virales de Norton Mabille. Philippe, qui va d'ailleurs voter pour ce dernier, nous explique que les sondages sont un "instrument de propagande aux mains des puissants. Je fais appel à votre intelligence : est-ce que vous croyez une seule seconde que 25 % des Français veulent de Macron ? Je vous fiche mon billet qu'il ne fera pas plus de 10 %."* »

L'élection se déroule le même jour que l'anniversaire de mes nièces. Toute la journée, elles attendent son coup de fil, en vain. De guerre lasse, elles finissent par l'appeler en début de soirée.

– Désolé, leur dit-il. J'ai oublié de vous téléphoner à cause de l'élection. Vous allez voir, c'est

Norton Mabille qui va être élu. C'est un homme extraordinaire, il va faire de grandes choses pour la France, s'enthousiasme-t-il.

À 20 heures, les résultats tombent: Emmanuel Macron est crédité de 24,01 % des voix. Norton Mabille, lui, ne récolte que 0,92 % des suffrages. Des chiffres conformes aux prévisions des instituts de sondage.

– C'est une catastrophe, se lamente mon frère quand je l'appelle. Je ne sais pas si je vais voter au second tour. Mais quoi qu'il arrive, ce ne sera pas pour Macron.

Autrement dit, il n'exclut pas de voter pour Marine Le Pen, lui qui s'était toujours situé à gauche et qui avait même un jour, devant moi, arrêté sa voiture pour faire un doigt d'honneur à des colleurs d'affiches du Front national. Son basculement idéologique est-il la conséquence logique de ses nouvelles croyances?

Le complotisme est de fait une vieille tradition de l'extrême droite. De *Mémoires pour servir l'histoire du jacobinisme* (1797-1799) de l'abbé Barruel, qui imputait la Révolution française à un complot jacobino-maçonnique, à l'essai d'Alain Soral *Comprendre l'empire* (2011), dans lequel « l'élite mondialiste » est accusée de travailler activement à la dissolution des nations afin de faire advenir un « Nouvel ordre mondial », en passant par *Le Protocole des sages de Sion* ou le mythe des Illuminati, l'idéologie d'extrême droite s'est toujours nourrie de récits conspirationnistes. Pour autant, je n'ai jamais entendu mon frère, ni mes collègues de *La Vérité*, prononcer la moindre parole raciste, antisémite, homophobe, misogyne ou belliciste. Comment expliquer alors qu'un homme comme mon frère se retrouve à partager des théories avec des populistes d'extrême droite ?

Dans un article paru dans la revue scientifique *Journal of Social and Political Psychology*, une équipe de chercheurs néerlandais explique que ce paradoxe vient en partie du fait qu'extrémisme politique et conspirationnisme procèdent de la même structuration mentale : « L'extrémisme politique est lié à un mode de pensée structuré visant à donner un sens à la société et à son fonctionnement. Les croyances complotistes se rapportent à des états d'esprit similaires, car elles donnent des réponses simples et structurées à des questions difficiles. En effet, il a été noté que les théories du complot abordent une gamme de besoins humains fondamentaux, y compris les besoins épistémiques [le besoin de comprendre, d'avoir des certitudes]. Ces considérations suggèrent que l'extrémisme politique et les théories du complot sont motivés par des processus de création de sens comparables, et sont donc fortement imbriqués[14]. »

En 2015, une étude[15] publiée dans la revue de sciences humaines *Diogène* intitulée « Les causes de l'adhésion aux théories du complot » s'intéresse aux « effets des idéologies ». Cette étude relève que « le seul point nettement confirmé par toutes les études est la forte corrélation entre les idées conspirationnistes et un positionnement politique extrême, qu'il s'agisse de l'extrême droite ou de l'extrême gauche. Un sondage d'opinion (Parienté, 2013) a demandé aux personnes interrogées leur avis sur l'énoncé suivant : "Ce n'est pas le gouvernement qui gouverne la France. On ne sait pas en réalité qui tire les ficelles." » L'extrême droite est davantage représentée chez celles et ceux qui se sont dit totalement ou plutôt d'accord avec cette proposition. « Les pourcentages les plus élevés d'adhésion à une vision complotiste se trouvent chez les électeurs de Marine Le Pen (72 %) et chez les électeurs de Jean-Luc

---

14. « Does Extreme Political Ideology Predict Conspiracy Beliefs, Economic Evaluations and Political Trust? Evidence From Sweden », *Journal of Social and Political Psychology*, 2017, Vol. 5 (2).

15. « Les causes de l'adhésion aux théories du complot », Jean-Bruno Renard, *Diogène* n° 249-250, 2015.

Mélenchon (56 %). » Gérald Bronner, sociologue spécialisé dans le complotisme, explique que l'on appelle ce phénomène « la courbe en J ». En effet, la courbe décrivant le phénomène du complotisme, posée sur l'échiquier politique, ressemble à la lettre J : plus on va vers l'extrême droite, plus la proportion de complotistes augmente.

Outre-Atlantique, l'une des têtes de pont de la mouvance conspirationniste est le phénomène QAnon. Apparu en 2017 sur le forum 4chan, ce mouvement numérique a fait de Donald Trump son champion et défend entre autres l'idée que les élites – Barack Obama et Hillary Clinton en tête – se livreraient à des actes pédophiles ainsi qu'à des rituels sataniques impliquant des sacrifices d'enfants. Les 3 à 7 % d'Américains qui soutiennent ces thèses[16] sont généralement classés à l'extrême droite par les commentateurs politiques. Mais c'est une erreur, selon Joseph Uscinski, l'un des spécialistes états-uniens du complotisme, qui voit surtout en QAnon un rassemblement de contestataires. « [Ce mouvement] est constitué par des gens qui détestent avant tout l'establishment. Il ne s'agit pas de

16. « Un an après l'attaque du Capitole, la communauté QAnon morcelée, mais toujours influente », *Le Monde*, 7 janvier 2022.

Républicains classiques. Ils ne sont pas particulièrement conservateurs. Ce sont des gens qui veulent détruire le système parce qu'ils se sentent aliénés par celui-ci[17] », fait-il observer dans une interview donnée au magazine *Rolling Stone*.

Ce constat fait écho à ce que j'ai pu remarquer auprès de mon frère qui, en dépit de ses nouvelles allégeances, continue à se considérer de gauche. « Mais de la gauche gaulliste, précise-t-il. Celle opposée au mondialisme. »

17. « It's Not Q. It's You », *Rolling Stone*, 15 octobre 2021.

CHAPITRE 18

UN VIEUX RAFIOT

Décembre 2021. Durant la réunion du lundi matin, Yolain Racine nous reproche, à Achille Araz et moi, de nous être rendus au meeting d'Éric Zemmour alors qu'il y avait selon lui une actualité bien plus importante à couvrir.

– Vous n'avez pas le sens du timing, fulmine-t-il. La semaine dernière, nous avons reçu un message de maître Ludot au sujet du vaccin Valneva, qui fonctionne contre tous les variants. La Grande-Bretagne vient d'en commander soixante millions de doses, et l'Union européenne, seulement quinze millions. Comment cela se fait-il ? C'était sur ça qu'il fallait écrire un article !

Pour les covidosceptiques, le sérum du laboratoire franco-autrichien basé à Nantes présente l'avantage d'être un vaccin classique, c'est-à-dire « à virus inactivé » et non à ARN messager.

Si le gouvernement britannique a passé une commande de cent millions de doses – d'abord soixante millions de doses fin 2020, puis une option pour un réassort de quarante millions de doses début 2021 –, il a ensuite fait machine arrière en résiliant le contrat en septembre 2021. Sans donner plus de détails, le Premier ministre, Boris Johnson, avait alors annoncé que les autorités sanitaires britanniques n'avaient pas approuvé le vaccin de Valneva.

Le 10 novembre, la Commission européenne a de son côté conclu un accord avec la biotech nantaise portant sur soixante millions de doses. Sauf que le 3 décembre, soit deux jours avant le meeting de Zemmour, une étude britannique publiée dans *The Lancet* soulignait la moindre efficacité du vaccin par rapport à ses concurrents. Nous sommes donc très loin du remède miracle et à faibles risques prisé par les Britanniques mais boudé par les instances européennes.

La discussion tourne ensuite autour d'une interview d'Isabelle Ballard, enregistrée la semaine précédente. Celle-ci est l'une des avocates de

Logique commune[18], une association cofondée par Yolain Racine, dont l'essentiel des actions consiste à déposer des recours devant diverses autorités judiciaires afin de suspendre le pass sanitaire, ou à organiser des débats critiquant la gestion de l'épidémie.

– Moi, ça me gêne que nous ayons interviewé l'avocate d'une association dont tu es le président, fais-je remarquer à l'attention du directeur de *La Vérité*.

Il me fixe avec intensité pendant quelques secondes, puis réplique :

– Je ne suis pas président de Logique commune, j'en suis l'administrateur.

– D'accord, mais tu en es l'un des membres importants. On passe notre temps à dénoncer les liens d'intérêt chez les uns et les autres, or il me semble qu'il y en a un majeur dans le cas présent. Dans les faits, on a invité Isabelle Ballard pour qu'elle nous parle d'une action menée par Logique commune.

Le reste de l'équipe abonde dans mon sens.

– Vous ne connaissez pas la définition juridique du lien d'intérêt, s'agace Yolain Racine. Il n'y a pas de flux d'argent entre Logique commune et *La Vérité*.

---

18. Le nom a été changé.

– Et les cinquante mille euros ? questionne Achille Araz d'un ton sarcastique.
– Oui, à part ces cinquante mille euros qu'on va nous donner pour refaire le site. Mais cet argent est destiné à *La Vérité*, on va juste le faire transiter par Logique commune.

Je n'en crois pas mes oreilles. Sans que cela semble lui poser un quelconque problème, Yolain Racine annonce devant tout le monde qu'il va mettre au point un montage financier acrobatique au profit de *La Vérité*. Je ne sais pas s'il est allé au bout de son projet.

Jusqu'à ce que je commence mon immersion, j'avais une image fantasmée de *La Vérité*. De la même manière que les complotistes imaginent que les gouvernants travaillent de concert à asservir les peuples, je croyais que les dirigeants du « navire amiral de la complosphère française » évoqué par Conspiracy Watch usaient de procédés poussés de manipulation des esprits afin d'attirer dans leurs filets de nouveaux adeptes. Or, plutôt qu'un navire amiral, *La Vérité* me ferait plus penser à un vieux rafiot dont le gouvernail aurait été confié au roi Ubu d'Alfred Jarry.

La Vérité n'a pas de ligne éditoriale précise. Conséquence inattendue : chacun est libre, en fonction de ses tropismes, de traiter les sujets qui l'intéressent. Par exemple, alors que Blanche-Neige décortique des études de médecins dont les critiques à l'égard des vaccins consistent surtout à souligner leur inefficacité ou d'éventuels effets secondaires, le Guérillero et Jorge réalisent un reportage sur une expérience censée démontrer que les personnes vaccinées émettent un code informatique permettant aux gouvernants de les surveiller.

Il se dégage néanmoins une constante : la critique du « système ». Cependant, du fait qu'il ne présente pas d'idéologie consistante, le journal ne réunit pas autour de lui une communauté aux opinions convergentes. *La Vérité* est le réceptacle de toutes les colères, de toutes les indignations, justifiées ou non. Mais il ne propose pas de ligne politique claire à laquelle pourraient adhérer avec zèle ses lecteurs-partisans.

C'est au contraire ce qu'est parvenu à faire Norton Mabille. Sur le Web, l'ardeur de ses supporters est à peu près inversement proportionnelle à ses résultats électoraux. Chacune de ses vidéos compte plusieurs centaines de milliers de visionnages et est abondamment relayée sur les réseaux sociaux.

Mon aventure à *La Vérité* touche à sa fin. Après avoir vu de l'intérieur le fonctionnement d'un média se contentant de diffuser des idées contestataires et conspirationnistes, je souhaite maintenant approcher celui qui en a fait la synthèse pour former un mouvement structuré, avec de réelles ambitions politiques, et qui exerce une forte emprise mentale sur ses partisans. Dont fait partie mon frère.

CHAPITRE 19

LE PARTI DES ÉVEILLÉS

Lors d'une réunion matinale, je suggère à Achille Araz de me charger d'un article sur la campagne de recherche de parrainages des petits candidats à l'élection présidentielle. Le rédacteur en chef me donne son aval. Un prétexte pour approcher Norton Mabille, l'homme qui selon moi a capturé une partie des pensées de mon frère. L'après-midi même, je contacte l'attaché de presse du candidat. Rendez-vous est pris deux jours plus tard, en fin de matinée.

Le jeudi 9 décembre, je franchis pour la première fois la porte du siège du parti des Éveillés, situé dans une petite rue parisienne. C'est la standardiste, Anita, qui m'accueille. Elle se montre très chaleureuse, me prévient que M. Mabille sera bientôt prêt à me recevoir et m'installe dans une vaste pièce aux murs peints en blanc avec une immense table au centre. Dans un coin, un drapeau tricolore trône aux côtés des affiches de campagne du candidat. À l'autre bout de la pièce, une petite bibliothèque rassemble une quarantaine d'ouvrages consacrés pour l'essentiel à l'Union européenne honnie et à Charles de Gaulle, dont se revendique le leader du parti des Éveillés.

Je suis en train d'envoyer un email avec mon smartphone quand une silhouette pataude apparaît. Il est face à moi, celui qui, depuis toutes ces années, fournit à mon frère sa nouvelle dope : des analyses ultra pessimistes qui lui donnent des raisons de haïr le monde qui l'entoure. Au moins ses anciens dealers avaient-ils pour eux le charme de la marginalité, mi-voyous mi-paumés, tels les personnages qu'on peut croiser dans les livres de David Goodis ou de Hubert Selby Jr.

Tant de fois, j'ai fantasmé de me retrouver face à lui. J'imaginais que je lui disais qu'il n'était qu'un pitre, un raté tout juste bon à rendre malheureux ceux qui l'idolâtraient ; que la vie ne se résumait pas à un combat pour la sortie de l'Union européenne et qu'il devait être bien inhumain pour ne pas le savoir. Mais ce matin, rien de tout ça ne se sort.

– Bonjour, monsieur Mabille. Très honoré de vous rencontrer, je dis en secouant avec vigueur la main qu'il me tend.

Il m'emmène dans son bureau, une pièce sobre avec pour seule décoration un portrait du général de Gaulle.

– Je vous en prie, asseyez-vous, me dit-il en désignant un canapé en cuir. Avant de démarrer l'entretien, est-ce que je peux me permettre de vous demander ce que vous avez fait avant de rejoindre *La Vérité* ?

– Je suis sorti de l'école de journalisme en 2017. Ensuite, j'ai un peu travaillé en presse locale, puis je suis parti en Turquie. Je suis revenu il y a six mois.

– Ah, la Turquie… C'est un pays tout à fait fascinant et essentiel pour comprendre les rapports entre l'Orient et l'Occident.

J'embraye sur l'interview.

– Vous avez déclaré que les parrainages pour l'élection présidentielle étaient plus difficiles à obtenir aujourd'hui qu'il y a cinq ans. Comment expliquez-vous cela ?

Il prend une profonde inspiration.

– Afin de répondre à votre question, il faut faire un peu d'histoire, lâche-t-il avant de se lancer dans un long exposé sur le fonctionnement du système des parrainages, de De Gaulle à nos jours.

Le reste de l'interview est à l'avenant. Norton Mabille ne cherche pas à séduire mais à impressionner. À mes questions simples succèdent d'interminables démonstrations au cours desquelles il déploie toute son érudition. Quand il parle d'un événement historique, il met un point d'honneur à en donner la date complète et pas uniquement l'année. Idem quand il s'agit d'évoquer la Constitution française ou les traités européens : il donne spontanément le numéro précis de l'article auquel il se réfère.

Au cours de notre échange, je lui demande s'il envisage de se rallier à Éric Zemmour dans le cas où il ne parviendrait pas à obtenir les cinq cents signatures nécessaires pour se présenter à l'élection présidentielle. Il répond par un « non » catégorique :

– Il ne dit pas que des choses inintéressantes, mais il ne se rend pas compte de la façon dont son discours peut être interprété par certains. L'autre jour, j'ai rencontré par hasard un de ses supporters qui, lors de la discussion, m'a dit : « Zemmour a raison. Il faut virer les Arabes avec l'armée s'il le faut. » Malheureusement, je ne crois pas que ce soit un exemple isolé.

Intérieurement, je ne peux m'empêcher de lui faire le même reproche : se rend-il compte que son discours à lui vient alimenter le narratif de la sphère complotiste ?

L'entretien touche à sa fin. Je suis en train de ranger mon calepin dans mon sac en bandoulière quand me vient une idée pour me rapprocher davantage de Mabille et découvrir son mode de fonctionnement.

– Vous savez, je l'informe, je ne vais pas travailler pour *La Vérité* encore très longtemps. À la fin du mois, je serai parti, et je vais avoir pas mal de temps libre. Je voulais donc vous proposer mes services pour la campagne.

Il ouvre la bouche d'étonnement.

– Vous voulez dire bénévolement ?

– Oui.

– Eh bien, nous sommes toujours à la recherche de bonnes volontés. Qu'est-ce que vous souhaiteriez apporter ?

– Ma connaissance du monde des médias, notamment. Je pourrais aussi vous aider à répondre à votre courrier ou à rédiger certains communiqués de presse. Ce genre de choses.

Il réfléchit quelques instants.

– Cela pourrait nous être utile, en effet. Ce que je vous propose, c'est que vous me fassiez passer une lettre pour me détailler tout ça.

Je lui promets de revenir vers lui aussi vite que possible. Mais avant cela, je dois régler un problème…

CHAPITRE 20

QUITTER « LA VÉRITÉ »

Mi-décembre 2021. Je n'ai rien dit à mon frère de mon enquête. Quand il m'a demandé pour quel média je travaillais, je suis resté évasif, expliquant que je faisais une immersion pour un journal *main-stream*, mais que je ne pouvais rien lui révéler jusqu'à la fin de la campagne présidentielle.

Cependant, je le sais fan du parti des Éveillés, il suit chacune de leurs publications, les détails de leurs meetings… J'aimerais qu'il évite de m'y voir ou que mon nom lui revienne aux oreilles, il se dirait automatiquement qu'il y a anguille sous roche.

Pour éviter les problèmes, je décide de prendre les devants.

– Écoute, frangin, je lui dis au téléphone, si jamais mon nom te revient aux oreilles, tu ne dois surtout pas dire que je fais une immersion. Tu peux

dire que je suis ton frère et que je suis journaliste, mais pas plus. Tu n'auras qu'à prétexter que nos rapports sont distendus.
– Pourquoi cela ?
– Je ne peux vraiment rien te dire, mais il faut que tu me fasses confiance. Quoi qu'il arrive, dis-toi que tu ne connais pas le quart de la moitié de l'histoire.

Il insiste :
– Allez, dis-moi, je te jure que je dirai rien à personne.
– Non, c'est impossible.
– Est-ce que ça a un lien avec mes opinions politiques ?
– Oui, indirectement. Mais je ne peux pas t'en dire plus. Si jamais tu me grillais, ma vie serait en danger !

Sur le coup, j'exagère afin d'être certain de sa coopération, mais je regretterai bientôt ce mensonge. Je ne me rends même pas compte qu'à force de vouloir à tout prix renouer avec mon frère, c'est moi qui suis en train de m'enfoncer dans différents mensonges…
– OK, j'ai compris. Fais attention à toi.

Je dois encore partir de *La Vérité* sans éveiller les soupçons. Et pour cela, j'ai une excuse toute trouvée.

Quelques jours après ma rencontre avec Norton Mabille, je sollicite un entretien en tête à tête auprès de l'Actrice qui, en plus du marketing, se charge des ressources humaines.
– Voilà, je commence, je ne souhaite pas renouveler mon contrat en CDD. Ce n'est pas contre vous,

j'apprécie beaucoup l'équipe, mais il y a certaines choses qui me dérangent dans le fonctionnement de *La Vérité*. Notamment le mélange des genres entre militantisme et journalisme.

À mon grand soulagement, elle se montre réceptive à mes justifications.

– Je comprends tes raisons. Il n'y a absolument aucun problème, me rassure-t-elle. J'expliquerai ta décision à Yolain.

C'est ensuite à Achille Araz que j'annonce mon départ.

– Pour être honnête, ça ne m'étonne pas, me confie-t-il.

Depuis que j'ai rejoint *La Vérité*, j'ai souvent noté qu'Achille était plus proche de mes idées que de celles de la sphère complotiste. C'est d'autant plus étrange qu'il n'est pas un simple rouage, mais le rédacteur en chef de l'un des principaux médias conspirationnistes de France!

– Pourquoi tu as commencé à bosser pour *La Vérité*? je finis par lui demander.

Il me regarde du coin de l'œil.

– Je pourrais te poser la même question, rétorque-t-il.

L'après-midi, je vais voir les membres de l'équipe un à un afin de leur faire part de ma décision. Le Guérillero essaie de me faire changer d'avis.

Blanche-Neige-la-petite-voix, elle, me prend dans ses bras. Quant au Gendre idéal, il me confie, à l'instar d'Achille, qu'il n'est guère surpris par mon choix.

– Assez vite, je me suis rendu compte que tu n'étais pas vraiment sur la même ligne que *La Vérité*. Je me demande même si tu n'es pas un infiltré, sourit-il.

Ces dernières semaines, le Gendre idéal et moi nous sommes beaucoup rapprochés. C'est un garçon intelligent, sensible, et je ressens chez lui une propension à la mélancolie qui me touche.

Je suis ému à l'idée de partir. Étrangement, de toutes les rédactions où j'ai évolué jusqu'à maintenant, c'est à *La Vérité* que je me suis senti le plus à l'aise. Certes, les tendances conspirationnistes de mes collègues m'ont parfois agacé, mais j'ai trouvé chez eux une bienveillance que je n'avais pas eu l'occasion de rencontrer jusque-là dans mon milieu professionnel.

Je n'ai jamais perdu de vue les raisons de ma présence parmi eux. Mais je me rends bien compte que je me suis attaché à eux. Bien après mon départ, je continuerai à leur donner de mes nouvelles, et il nous arrivera même, à l'occasion, de partager un verre.

CHAPITRE 21

PROMESSE DE PARRAINAGE

Quelques jours après ma démission de *La Vérité*, je me rends au siège du parti des Éveillés pour déposer ma lettre de motivation à Norton Mabille. Celui-ci me reçoit, en compagnie d'un avocat de 25 ans, Robin, qu'il présente comme son conseiller juridique. « C'est bien que vous veniez nous prêter main-forte, quand on voit les branquignoles que nous avons », dit-il pour plaisanter, en désignant son collaborateur des yeux. Il lit ensuite la lettre que je suis venu lui apporter.

– Très bien, dit-il quand il a terminé. Comme on l'a déjà évoqué, je compte sur vous principalement pour contacter les différents médias et essayer de m'obtenir des interviews, parce qu'on a beaucoup de mal de ce côté-là. Puisque vous avez une bonne plume, je vous demanderai également de m'aider à répondre aux nombreux courriers que je reçois. Mais avant cela, la priorité, c'est de décrocher des promesses de parrainage. Nous allons très probablement obtenir les cinq cents nécessaires, mais il nous faut encore convaincre quelques maires.

Malheureusement pour lui, cela se révélera bien plus compliqué que prévu, en raison, notamment, des accusations de harcèlement sexuel portées contre lui par deux jeunes hommes.

CHAPITRE 22

« MABILLE LEAKS »

L'affaire a éclaté en avril 2020, avec la diffusion anonyme sur Internet d'une série de documents internes au parti des Éveillés, repris et publiés par *Le Figaro*.

Le premier est un long courriel dans lequel Mabille dit : « Dans la bagarre sur l'herbe du Grand Canal, tu as sans doute vu une sorte de réminiscence d'une scène de viol. Moi pas. Pour moi, je suis revenu cinquante ans en arrière, lorsque j'avais 7, 8 ou 10 ans, et que je me bagarrais avec mon grand frère. [...] Ce que j'ai compris beaucoup, beaucoup plus tard, c'est qu'il y avait une composante profondément érotique dans ces bagarres avec mon frère. En fait, [...] je crois bien que j'étais profondément amoureux de mon frère. »

Quelques paragraphes plus bas, il ajoute : « Hier, sur la pelouse de Versailles, pendant quelques secondes, je t'ai serré dans mes bras avec une puissance qui t'a surpris. [...] Il a fallu que tu décuples tes efforts pour desserrer cette étreinte et me rouer de coups, assez violents. [...] Pendant ces quelques secondes où je t'ai serré contre moi si fort, je t'ai regardé droit dans les yeux. Ce fut comme un flash : la fusion, enfin, avec l'être aimé. Alors le temps s'est arrêté. Pendant ces quelques secondes d'éternité, j'étais au paradis. »

Deux mois après cet incident, le destinataire de ce mail, âgé d'une trentaine d'années, est promu directeur de cabinet de Norton Mabille. Il démissionne de son poste quatre mois plus tard, en janvier 2019, en accusant son supérieur de « harcèlement moral, agression et manipulation ». Mis au courant, le bureau national du parti préfère ne pas donner suite à ces allégations, l'homme étant dépeint par leur chef de file comme « un alcoolique » et « un cyclothymique », « limite schizophrène ».

Le deuxième élément publié dans le cadre de ce que les internautes ont baptisé les « Mabille leaks » est une lettre de démission d'un cadre du parti des Éveillés. Dans celle-ci, Norton Mabille est accusé de harcèlement sexuel envers un homme de 25 ans, embauché quelques mois plus tôt comme chauffeur et attaché de presse.

Le troisième document révélé est une lettre d'excuses rédigée par Norton Mabille, mais que ce dernier aurait tenté de faire signer par le jeune homme en question afin que celui-ci revienne sur des accusations de harcèlement sexuel proférées contre lui en public, lors d'une fête organisée par le parti.

La quatrième et dernière pièce des Mabille leaks est une lettre dans laquelle vingt des vingt-huit membres du bureau national et treize des quinze délégués régionaux appellent Norton Mabille à démissionner de la présidence du parti. « Nous avons connaissance de documents et de témoignages indiquant l'existence de relations particulières et plus qu'insistantes de votre part à l'égard [des deux hommes évoqués précédemment], et ce dans le cadre professionnel, qui ont été source de graves souffrances psychologiques. [...] Comment réagiraient les adhérents si une telle affaire venait à être révélée en pleine campagne présidentielle ? »

Deux jours après ces révélations, Norton Mabille publie un billet sur son site, dans lequel il « dément catégoriquement [ces] allégations infamantes », qu'il considère être « une opération rondement menée par des taupes au sein du parti, travaillant pour d'autres partis politiques ou pour leur intérêt personnel ».

Mon frère adhère sans réserve à cette thèse du putsch fomenté par une poignée de séditieux.

– Tu as lu le mail qu'il a envoyé à son ancien directeur de cabinet ? je lui demande.

– Eh ben quoi ? répond-il. Il est tombé amoureux de ce mec et il a voulu le serrer dans ses bras. Tu parles d'une affaire ! J'ai déjà eu l'occasion de le rencontrer, et je ne l'imagine pas une seconde agresser sexuellement qui que ce soit. Pour moi, c'est évident, toute cette histoire a été montée en épingle pour l'évincer du parti, assène-t-il.

Mon frère est loin d'être le seul à continuer d'accorder sa pleine confiance à M. Mabille. Le 11 juillet 2020, soit trois mois après la diffusion des Mabille leaks, ce dernier est réélu par les adhérents à la tête du parti souverainiste avec une large majorité de 77,7 % des suffrages exprimés (6050 sur 7790), contre 17,3 % pour son principal opposant.

Les deux victimes présumées finiront par porter plainte, et Norton Mabille sera mis en examen en février 2021 pour « harcèlement moral », « harcèlement sexuel », « agressions sexuelles par personne ayant autorité et intimidation d'une victime ». L'affaire est toujours en cours et il est présumé innocent.

« Ça a été une épreuve terrible pour lui, surtout les quarante-huit heures de garde à vue qu'il a faites. Il ne s'en est toujours pas remis », me rapportera plus tard Robin, tout à la fois son conseiller juridique, son plus proche collaborateur et son confident.

CHAPITRE 23

« LA DISSIDENCE »

Décembre 2018. C'est le premier Noël que nous passons ensemble, mes nièces, mon frère et moi, depuis près de dix ans. Sa compagne est également présente.

Au début du repas, mon frère et moi commençons à parler politique.

– Ah non ! Pas aujourd'hui, s'il vous plaît, intervient aussitôt sa compagne qui sait comment nos joutes se terminent.

Durant le reste du dîner, nous évitons d'aborder les sujets potentiellement explosifs. Envolée, la complicité qui régnait avant entre nous. Mais chacun y met du sien pour recoller les morceaux et rendre cette soirée aussi conviviale que possible.

Une fois le dessert terminé, nous passons dans le salon pour ouvrir les cadeaux. L'une de mes nièces, Sabrina, m'a acheté une biographie de Mustafa Kemal Atatürk, le fondateur de la Turquie, pays où je vais m'envoler dans quelques jours pour prendre la direction d'un petit média francophone basé à Istanbul. Jeanne, mon autre nièce, m'a également offert un livre, *Les Quatre Accords toltèques : la voie de la liberté personnelle*. Je lis la quatrième de couverture. « Dans ce livre, Don Miguel [Ruiz] révèle la source des croyances limitatrices qui nous privent de joie et créent des souffrances inutiles. Il montre en des termes très simples comment on peut se libérer du conditionnement collectif – le rêve de la planète, basé sur la peur – afin de retrouver la dimension d'amour inconditionnel qui est à notre origine et constitue le fondement des enseignements toltèques. »

À l'inverse de ma nièce, je trouve tous ces ouvrages de développement personnel plutôt grotesques.

– Sérieusement, Jeanne ?

Elle pouffe.

– Justement, je me suis dit que ce serait bien pour toi d'essayer de t'ouvrir à ces choses…

Mon frère, lui, m'a offert un pull en cachemire noir que j'adore. Il déballe ensuite le cadeau que Sabrina lui a choisi.

– Oh génial ! Merci, ma puce, s'exclame-t-il en tenant un livre entre ses mains.

– Je n'ai pas réussi à le trouver en librairie. J'ai dû le commander sur Internet.

Je ne sais pas de quoi traite cet ouvrage, mais je connais bien son auteur, un proche d'Alain Soral très écouté dans le milieu de « la Dissidence », autrement dit l'extrême droite la plus dure.

Je m'assois à côté de mon frère sur le canapé.

– frangin, tu sais qui est l'auteur de ce livre ?

– Non.

– Un antisémite carabiné.

– Antisémite selon qui ? Si tu lis *Le Monde*, Norton Mabille est d'extrême droite.

– Ce n'est pas *Le Monde* qui te le dit, c'est moi. Ce mec est pote avec Alain Soral. Il est souvent relayé sur son site.

– Et alors ? Je trouve ça nul de disqualifier a priori la parole de quelqu'un parce qu'il est ami avec untel ou untel. C'est le message qui m'intéresse, pas le messager. Écoute, Elliot. Ne t'inquiète pas, je ne suis pas en train de devenir antisémite. Le bouquin que m'a offert Sabrina est une traduction contemporaine d'un des plus anciens textes religieux de l'humanité. L'auteur aurait pu être n'importe qui. Ce n'est pas ça qui m'intéresse.

– OK. Mais je me demande vraiment sur quels sites tu traînes pour avoir entendu parler de ce bouquin.

À cet instant, je redoute que le chemin emprunté par mon frère ne le mène vers les classiques théories du complot antisémites. À mon grand soulagement, cela ne se produira pas. Il ne versera pas non plus dans le racisme ou l'homophobie, et ne prendra jamais au sérieux les théories alternatives les plus délirantes comme celles de la Terre plate ou des reptiliens (selon laquelle les dirigeants de la planète, de Barack Obama à la reine Élisabeth, seraient en réalité des extraterrestres à l'intelligence supérieure dont le but serait d'asservir les humains).

D'une certaine façon, on peut dire que son tropisme conspirationniste restera toujours dans les limites du raisonnable.

CHAPITRE 24

SOLITUDE

Janvier 2022. Durant les vacances de Noël, Norton Mabille m'a convié à prendre part à une réception au siège de son parti. « Cela vous permettra de rencontrer mon directeur de campagne et de voir directement avec lui ce que vous devrez faire », m'indique-t-il.

Le jour venu, à 15 heures, je franchis la porte du local. Une petite dizaine de militants sont là. Je me dirige vers Laura, la standardiste que j'avais croisée lors de ma première visite. Elle me présente Ernest, le secrétaire général du parti des Éveillés. Nous engageons la conversation et, très vite, il me demande comment j'explique que Norton Mabille soit si peu présent dans les médias.

Il est vrai qu'en dépit de l'immense écho qu'il rencontre sur Internet et des quelque vingt mille adhérents que compte son parti, Norton Mabille est rarement invité sur les plateaux. Pour ses soutiens comme mon frère, l'explication est toute trouvée : il dérange, car il est le seul à proposer le « Frexit », la sortie de l'Union européenne. Sauf que, depuis qu'il a quitté le Rassemblement national, Florian Philippot défend peu ou prou les mêmes idées que le leader du parti des Éveillés, tout en continuant à être régulièrement invité sur les plateaux de télévision.

Je fais observer à Ernest que Norton Mabille souffre sans doute de ne pas être suffisamment identifié par le grand public. Son parti ne compte aucun élu, pas même un maire. J'ai aussi le sentiment que l'hyperactivité de ses militants sur la Toile a eu pour effet de braquer certaines figures des médias. Plus tard, Norton Mabille me racontera comment Jean-Jacques Bourdin, l'ancien intervieweur phare de RMC, lui avait vertement reproché le harcèlement qu'il subissait de la part de ses soutiens : « Je vous invite aujourd'hui, mais c'est la dernière fois. Vraiment, ce ne sont pas des façons de faire », s'était agacé le journaliste hors antenne.

Me sentant en confiance avec Ernest, dont émane une certaine bienveillance, je prends le risque de lui demander pourquoi, selon lui,

Norton Mabille jouit d'une grande popularité au sein de la mouvance complotiste.

– Quand on crée un nouveau parti, on attire les « gueulards », les révoltés. Toutefois, le parti est en voie de normalisation. Depuis le début de la crise du Covid-19, Florian Philippot a récupéré les plus radicaux.

Nous poursuivons notre échange autour d'une cigarette que nous fumons sur le trottoir. Nous sommes vite rejoints par Laura.

– En plus d'être standardiste, je fais aussi office de soutien psychologique, précise-t-elle avec humour. On reçoit beaucoup d'appels de personnes qui se sentent seules, incomprises, qui sont en conflit avec leur famille et leurs amis à cause de leurs opinions.

Cette solitude, mon frère la connaît bien. À partir du moment où il a découvert Norton Mabille, il n'a cessé d'en faire la publicité autour de lui, au point de créer un certain malaise. Ma grand-mère ne supporte plus ses longs monologues au téléphone. Une autre de ses amis, qu'il connaît depuis le lycée mais qu'il ne fréquente plus, me confiera un jour qu'il était devenu impossible de passer du temps avec lui sans qu'il ne vante les mérites de ce parti.

Idem avec moi : dès qu'il en a l'occasion, il s'étend durant de longues minutes sur les méfaits de l'Union européenne et m'invite à lire tel article ou tel ouvrage. Face à mon refus systématique, il s'énerve et fustige mon manque de curiosité, ainsi que mon aveuglement.

– Et vous, Elliot, comment vos opinions politiques sont-elles perçues par votre famille ? me questionne Ernest.

– Mon frère est un sympathisant de votre parti. Quant au reste de ma famille, il est très marqué à gauche et s'apprête à voter Taubira ou Mélenchon, mais cela ne crée aucun problème entre nous.

Quelques minutes plus tard, Henri, le directeur de campagne, arrive. Son visage glabre lui confère un aspect juvénile en dépit de ses 35 printemps. Je le suis dans son bureau.

Il se frotte les yeux avec la paume des mains.

– Excuse-moi, je suis crevé. J'étais invité à la matinale de Radio Courtoisie. J'ai dormi deux heures, dit-il en préambule. NM [le surnom donné à Norton Mabille, NdA] m'a dit que tu nous rejoignais pour la campagne. La priorité, pour le moment, c'est de trouver des parrainages. Nous allons te fournir une liste de maires à contacter et il faudra que tu essayes d'obtenir des rendez-vous.

– Aucun problème, je lui réponds. Norton Mabille avait également suggéré que je pourrais l'aider à rédiger certains courriers et m'occuper des relations presse.

– Pour ce qui est de la rédaction de courriers ou même de tweets, je te laisse voir ça directement avec lui. Par rapport aux relations presse, il faut que tu te rapproches de Patrick Orfila. Il ne devrait pas tarder à arriver.

Je quitte son bureau pour retourner dans la pièce principale du siège du parti. Je viens de repérer Norton Mabille, affairé à l'autre bout de la pièce, quand Patrick Orfila fait irruption. Je me présente sans attendre pour lui offrir mes services. Orfila se montre enthousiaste face à ma proposition de lui prêter main-forte, parce que l'emploi qu'il occupe par ailleurs l'empêche de contacter autant de médias qu'il le souhaite, m'explique-t-il.

Nous convenons de nous retrouver la semaine suivante afin de voir quelles rédactions je pourrai appeler. La conversation dérive sur *La Vérité*. Je lui confie que j'en suis parti à cause de l'amateurisme que je ressentais parfois et de certaines prises de position qui me dérangeaient.

– On est toujours un peu embêtés avec les médias dissidents radicaux, souffle-t-il. Ils nous soutiennent, mais on ne peut pas vraiment se permettre d'apparaître à leurs côtés. Alors quand ils nous invitent, on s'arrange pour décliner sans pour autant se les mettre à dos.

À ce moment, Norton Mabille se rapproche de nous pour prendre part à la discussion. Je me tourne vers lui :

– Nous étions en train de parler des relations entre le parti et les médias dissidents. Patrick Orfila m'expliquait que vous faisiez en sorte de ne pas y apparaître tout en conservant de bons rapports avec eux.

– Oui, il faut qu'on prenne certaines précautions, répond le leader souverainiste en levant les yeux au ciel. Aussitôt après, il tourne les talons et se dirige vers un autre groupe de militants.

Une fois que je suis à nouveau en tête à tête avec Orfila, je lui demande pourquoi, selon lui, les complotistes sont attirés par le parti des Éveillés.

– Norton explique que les gouvernants mentent. À partir de là, certaines personnes cherchent à comprendre pourquoi, et ce qui se cache derrière, estime-t-il. Ce fil qu'ils tirent peut parfois les emmener assez loin…

À 20 heures, le local rassemble une trentaine de militants. Norton Mabille fait un bref discours afin de faire le point sur l'élection présidentielle à venir. « À l'heure où je vous parle,

Florian Philippot a cessé de chercher des parrainages. Quant à Nicolas Dupont-Aignan et Éric Zemmour, il est fort probable qu'ils ne les obtiendront pas. Donc, dans le meilleur des scénarios, je pourrais être le seul candidat souverainiste de l'élection », déclare-t-il, suscitant l'enthousiasme parmi les militants présents.

CHAPITRE 25

LA VISION LA PLUS SOMBRE

Patrick Orfila, l'attaché de presse du parti, m'a donné rendez-vous en fin de journée dans une brasserie du 15e arrondissement de Paris. Lorsque j'arrive, j'ai la surprise de le découvrir attablé aux côtés de Norton Mabille et de Robin, le jeune conseiller juridique. Tous les trois semblent abattus.

– On sort d'une audience avec le CSA, annonce Norton Mabille. On leur a apporté tous les documents pour leur montrer qu'on ne bénéficiait pas du temps d'antenne auquel on devrait avoir droit. Mais on sait que cela n'aboutira pas…

Il évoque ensuite le cas de Valérie Pécresse, qu'il présente comme « la candidate qui a été choisie par le système ».

Quelques instants après, il prend congé et se dirige d'un air las vers la sortie. Robin lui emboîte le pas pour échanger discrètement avec lui. Pendant ce temps, Orfila entreprend de dresser la liste des médias que je dois contacter.

– L'idéal pour nous, ce serait d'être invité à une matinale radio ou télé. Là, tu as la liste, avec le nom et le numéro du rédacteur en chef quand nous l'avons, m'explique-t-il en faisant défiler un fichier Excel sur son ordinateur portable.

Mis à part France Info TV et Sud Radio, aucun média ne leur a donné de réponse favorable pour le moment.

– Au fait, glisse Patrick Orfila avec un petit sourire, j'ai reçu un message de ton ancien boss, Yolain Racine, me demandant si notre parti pouvait se joindre à une plainte déposée par son association contre le pass sanitaire.

Entre-temps, Robin est revenu à notre table. Au moment où Orfila décide de prendre congé, le jeune avocat me propose d'aller dîner. Une demi-heure plus tard, nous sommes assis à la terrasse chauffée d'un restaurant du Quartier latin.

Ses traits doux et sa barbichette éparse lui donnent une allure juvénile qui tranche avec sa maturité intellectuelle. Robin a commencé ses études de droit à la faculté de Strasbourg avant de rejoindre Paris. C'est là qu'il a rencontré Norton

Mabille, à la fin d'une conférence que ce dernier donnait à HEC.

Robin lui a d'abord proposé ses services pour la campagne des élections européennes de 2019. Puis, au fil des mois, les deux hommes se sont rapprochés, au point que, depuis un an, il fait pratiquement office de directeur de cabinet du président du parti des Éveillés.

– De quoi avez-vous discuté, avec NM, quand vous n'étiez que tous les deux ? je l'interroge, alors que nous nous attaquons à nos assiettes.

– Ah, il va falloir que je fasse attention. Je parle à un journaliste ! plaisante-t-il. Rien de très important. Je lui disais d'adopter la ligne de Martin Blachier dans sa prochaine vidéo.

Martin Blachier. Omniprésent sur les plateaux de télévision depuis l'apparition du Covid-19, l'épidémiologiste aux allures de play-boy a, au début de la crise sanitaire, soutenu les mesures prises par le gouvernement, notamment le confinement. Puis, à partir de la fin de l'année 2021, avec l'arrivée du variant Omicron, plus contagieux mais moins virulent, il a commencé à se montrer critique, principalement à l'égard du port du masque dans les écoles. Il s'est également déclaré opposé à la vaccination chez les enfants ne présentant pas de facteurs de risques.

Pour Robin, adopter la ligne défendue par Martin Blachier aurait l'avantage de normaliser les prises de position de Norton Mabille à propos du Covid-19 sans pour autant se mettre à dos une partie de ses soutiens. Depuis le début de la crise sanitaire, le chef n'a cessé de critiquer vertement les restrictions instaurées par le gouvernement. Le confinement, dans un premier temps, puis le pass sanitaire. « Chacun doit réfléchir en son âme et conscience à ce qu'il souhaite sur son propre corps, sachant qu'il y a encore beaucoup d'incertitudes sur tous ces vaccins », a-t-il déclaré.

Bien qu'âgé de 63 ans et en surpoids, lui-même a fait le choix de ne pas se faire vacciner. En août 2021, après avoir été testé positif au Covid-19, il annonce avoir guéri grâce à l'ivermectine, un traitement présenté comme miraculeux par les antivax, mais dont l'efficacité n'a pas été reconnue par la communauté scientifique. « Cela n'a pas de valeur scientifique, je suis d'accord, mais il se trouve qu'entre le jour où j'ai pris [l'ivermectine] et le lendemain, ma température est passée de 39 à 37,5 », a-t-il fait savoir sur sa chaîne YouTube.

Issu d'une famille de médecins et ayant reçu ses trois doses, Robin admet être embarrassé par les propos du candidat. Il aurait au moins aimé que celui-ci appelle les personnes âgées et fragiles à se faire vacciner. « Il a fini par le faire, mais seulement du bout des lèvres », se désole-t-il.

Comme je l'ai déjà fait avec les deux autres plus proches collaborateurs de Mabille, je sonde Robin sur le fait qu'une large partie des complotistes ait jeté son dévolu sur le parti des Éveillés : « Comme NM est absent des médias, ceux qui le suivent sont ceux qui passent beaucoup de leur temps sur Internet. Donc, fatalement, ce sont plus souvent des gens qui sont sensibles aux théories conspirationnistes. »

Effectivement, à partir du jour où, libéré de ses addictions, mon frère s'est mis à passer tout son temps libre devant son ordinateur, les récits complotistes ont commencé à occuper une place centrale dans sa vie. Mais cela aurait-il pu se passer autrement ? Après tout, il aurait pu utiliser Internet pour écouter de la musique, regarder des films ou découvrir le monde à travers Google Earth... Pourquoi a-t-il été irrémédiablement attiré par des articles et des vidéos prétendant dévoiler des vérités cachées ?

Gérald Bronner, sociologue spécialiste du complotisme, écrit[19] : « D'une façon générale,

19. Gérald Bronner, *Apocalypse cognitive*, PUF, 2021, p. 68.

pour ce qu'il nous est permis de mesurer dans le temps court, ce qui impose un produit cognitif dans le régime hautement concurrentiel qui caractérise notre contemporanéité, ce n'est pas la qualité de son contenu, c'est qu'il réponde à un certain nombre d'attentes constantes et immédiates de notre esprit. [...] C'est ce qui explique une partie du succès de ce que l'on nomme les infox, comme l'indique un article d'Alberto Aceri (2019), anthropologue qui montre que la propagation de la désinformation numérique rencontre le succès parce qu'elle répond aux "préférences cognitives générales". Analysant 260 articles de médias divers, il met en exergue le fait que la présence d'un contenu négatif ou menaçant, d'éléments évoquant la sexualité ou encore d'éléments minimalement contre-intuitifs assure un avantage concurrentiel aux propositions narratives. »

J'ai effectivement observé que, depuis quelques années, mon frère est à l'affût de toute analyse dépeignant notre monde de la façon la plus sombre qui soit et annonçant son effondrement prochain. À ce petit jeu, Norton Mabille excelle. La plupart de ses vidéos sont violemment critiques. À l'égard de l'Union européenne, bien sûr. Mais aussi envers le gouvernement, les États-Unis, la collusion entre les politiques et les puissances financières, les médias, la gestion de la crise sanitaire, le pouvoir judiciaire, l'OTAN, etc. Rien à ses yeux ne semble aller dans le bon sens.

Selon Robin, tout aussi brillant qu'il soit, le leader du parti se laisse charmer par les tombereaux d'éloges que ses discours lui valent sur Internet. « Il ne comprend pas les effets de filtre sur Twitter. Comme ceux qui commentent ses posts sont ceux qui le soutiennent, il a l'impression que ses opinions sont partagées par la majorité des gens », me confie le jeune avocat.

J'aurai moi-même l'occasion de m'en apercevoir.

Quelques semaines après ce repas, Mabille publie sur son compte Twitter un photomontage présentant d'un côté une image des chars circulant sur la place Tian'anmen lors de la répression du printemps pékinois, le 4 juin 1989, et de l'autre une photo des engins blindés déployés par la gendarmerie les 11 et 12 février afin d'empêcher les véhicules du « Convoi de la liberté », organisé par des manifestants antivaccin, de pénétrer dans Paris. « Toute ressemblance avec des événements passés ou des personnages existants serait purement fortuite », écrit le leader souverainiste en guise de commentaire.

– Je vous avoue, je glisse à Norton Mabille alors que nous sommes seuls dans son bureau, que j'ai été un peu gêné par l'analogie que vous avez faite.

Il me regarde avec incrédulité.

– Ah bon ? Pourtant j'ai eu beaucoup de retours positifs. Ce tweet a déjà reçu plus de cinq mille likes.

Il n'est pas impossible que mon frère fasse partie de ces cinq mille internautes.

CHAPITRE 26

« HOLD-UP »

Novembre 2020. Cela fait six mois que je suis rentré de Turquie, après y avoir vécu près d'un an et demi. Le retour à la vie francilienne est brutal. Le métro bondé, les magasins fermés à partir de 19 heures, le froid, la mauvaise humeur parisienne, les rues sans vie… Les jours défilent et se ressemblent, monotones. Ce sentiment est exacerbé par les mesures mises en place pour lutter contre le Covid-19. Pour moi qui ai l'habitude de fréquenter avec assiduité les cafés ou les bars de nuit, c'est un moment difficile à vivre. J'essaye de le prendre avec philosophie. Certes, le confinement n'est pas très agréable, mais cela semble être un mal nécessaire. Mon frère, lui, ne l'entend pas de cette oreille.

Je ne l'ai pas revu depuis que je suis revenu en France. Nos rapports sont plus tendus que jamais. Chaque jour ou presque, il m'envoie des articles censés démontrer que l'épidémie de coronavirus n'est pas aussi grave que les médias le prétendent. Pour lui, il s'agit d'un prétexte utilisé – voire créé, il n'écarte pas cette possibilité – par l'oligarchie pour redessiner les contours de l'économie mondiale. « Ceux qui sont encore assez bêtes pour ne pas avoir compris que tout ça n'a plus rien à voir avec un virus sont en train de donner les clés de leur avenir à des gens comme Laurent Alexandre[20] ou Klaus Schwab[21] », juge-t-il.

Ce vendredi 13 novembre, mon frère visionne le documentaire conspirationniste *Hold-up*, qui fait le buzz depuis sa diffusion l'avant-veille sur la plateforme Vimeo. « Regarde-le !!! », s'empresse-t-il de m'écrire sur WhatsApp une fois qu'il a terminé, aux alentours de 23 heures.

---

20. Ce chirurgien et énarque, fondateur du site Doctissimo, est connu pour ses positions en faveur du transhumanisme et de la sélection génétique. En 2018, l'observatoire des médias Acrimed pointait le manque de rigueur scientifique de ses raisonnements.

21. Auteur de *Covid-19: la Grande Réinitialisation*, éditions Thierry Malleret, 2020, livre largement récupéré par les sphères complotistes d'extrême droite.

Ce film est un pot-pourri de toutes les théories complotistes qui fleurissent depuis six mois sur Internet – notamment par le biais de *La Vérité* – au sujet du Covid-19. Dès le lendemain de sa parution, des journalistes fact-checkers publient une série d'articles démontant point par point les multiples raccourcis, erreurs, voire mensonges figurant dans le documentaire. Cela n'a aucun effet sur mon frère. À dire vrai, il n'a même pas pris la peine d'y jeter un œil.

Même si je sais que c'est contre-productif, je n'arrive toujours pas à m'empêcher de tourner ses obsessions en dérision :

– Je suis en train de lire une bio de Mao. C'est autrement plus sérieux et enrichissant que de mater un énième reportage conspi. *La Révélation des pyramides*, ça m'a suffi.

Ma réponse le met hors de lui. Durant les deux semaines suivantes, il m'écrit quasi quotidiennement de longs plaidoyers, agrémentés de quantités de vidéos et d'articles, afin de m'ouvrir les yeux sur les desseins cachés de nos dirigeants. Dans un premier temps, je contre-argumente avec tout autant d'énergie. Puis, me rendant compte que cela ne sert à rien, je prends le parti d'ignorer ses messages. Ce qui a le don de l'ulcérer encore davantage.

– Belle fermeture d'esprit. Bravo, me provoque-t-il après que je n'ai pas réagi à un article critique envers la presse qu'il m'a invité à lire quelques heures plus tôt.
– Si je te relayais tous les jours des vidéos de Steven Pinker, Yuval Noah Harari, des analyses de *L'Express* ou du *Point*, les regarderais-tu ? J'en doute. Tu as tes opinions, j'ai les miennes. Arrête de faire du prosélytisme, c'est chiant.
– Je ne fais pas de prosélytisme. Tu es tellement fermé d'esprit que tu es incapable de décider si une position est saine ou pas, si tu en ignores l'auteur. On va arrêter là, tu as raison, c'est chiant.

Deux jours plus tard, mon frère recommencera.

CHAPITRE 27

NE PAS DÉBATTRE, NE PAS CONTREDIRE

Janvier 2022. Durant mes premiers jours au parti des Éveillés, je fais montre d'un excès de zèle, dans l'espoir de rentrer dans les petits papiers de Norton Mabille.

Seul dans le petit bureau qui m'a été affecté, je contacte consciencieusement tous les grands médias afin d'essayer de décrocher une interview pour le candidat. Le plus souvent, je récolte une fin de non-recevoir ou la vague promesse d'être rappelé ultérieurement. Cela ne m'empêche pas de me montrer opiniâtre.

Durant mes pauses, je passe le plus clair de mon temps avec Laura. Âgée de 50 ans et d'origine vietnamienne, elle a deux enfants de 19 et 24 ans. C'est par l'intermédiaire de son compagnon et de ses beaux-fils qu'elle a découvert Norton Mabille, en 2014. « Avant cela, j'avais l'impression d'errer. Ici, j'ai vraiment trouvé une maison. » Aujourd'hui, tous ses amis sont des sympathisants du parti. « Sinon, il y a un fossé. Si on ne peut pas parler de politique, les discussions ne sont jamais très profondes. »

Comme pour mon frère, tout dans sa vie semble tourner autour de la politique. D'après le secrétaire général du parti des Éveillés, c'est souvent le cas parmi leurs militants. « Beaucoup ont des problèmes personnels, alors ils se focalisent sur la politique, au point que ça les bouffe. » Il me cite l'exemple du prédécesseur de Laura au poste de standardiste. « Quand le port du masque a été instauré, ça l'a rendu fou. C'est carrément devenu impossible pour lui de venir à Paris, car il ne supportait pas de voir des gens marcher avec un masque dans la rue. C'est pour ça qu'il est parti. »

J'ai été témoin de cette même défiance chez mon frère deux mois plus tôt, au moment des fêtes de fin d'année. Comme j'avais demandé une paire de chaussures pour Noël, nous avions convenu qu'il était préférable d'aller la choisir ensemble. Le lendemain de mon arrivée, nous nous sommes rendus dans la ville la plus proche pour faire le tour des boutiques. Une fois hors de la voiture, j'ai mis machinalement mon masque au niveau de mon cou de façon à ne pas devoir sans cesse le sortir de ma poche avant d'entrer dans un magasin.

– Ah non, si tu mets le masque, on rentre, s'énerva mon frère.

– C'est obligatoire, frangin.

– Mais c'est inutile.

– Ça, ni toi ni moi ne sommes suffisamment compétents pour le savoir. Et puis, franchement, qu'est-ce que ça te coûte ?

– C'est une question de principe. Je refuse de mettre cette muselière ridicule.

Sur ce, il a fait mine de retourner dans la voiture. De mon côté, j'ai fait comme si de rien n'était et j'ai poursuivi mon chemin en direction de la rue marchande. Il a fini par me rejoindre, non sans continuer à pester contre cette mesure qu'il juge absurde et liberticide. Contrairement à d'habitude, je l'ai laissé déblatérer, sans réagir. Face à mon mutisme, il a cessé de maugréer et nous avons parlé d'autre chose.

Nous avons déambulé ainsi plusieurs heures dans les rues. À chaque fois que nous entrions dans une boutique, mon frère consentait à porter son masque – en dessous du nez cependant, « faut quand même pas pousser », et à contrecœur. Et si je n'ai pas trouvé de chaussures à mon goût, nous avons tout de même passé un très bon moment tous les deux, comme cela ne nous était plus arrivé depuis longtemps.

J'ai compris ce jour-là que c'était l'attitude à adopter : ne pas débattre, ne pas le contredire, écouter son plaidoyer en attendant qu'il ait terminé, afin de ne pas alimenter les désaccords et d'aboutir plus vite à des sujets moins polémiques.

CHAPITRE 28

TRISTESSE PALPABLE

Fin janvier 2022. Il est 21 heures. Norton Mabille est enfermé dans son bureau avec Robin depuis un long moment. Ensemble, ils apportent les ultimes modifications au programme présidentiel qui sera défendu durant la campagne. Les autres permanents du parti sont partis depuis longtemps.

Installé dans la pièce juste à côté, je traîne volontairement devant mon ordinateur dans l'espoir qu'ils me convient à dîner avec eux. Car depuis que j'ai commencé à travailler pour le parti, je n'ai jamais eu l'occasion de m'entretenir durablement avec son président. Il m'arrive de le croiser, mais seulement en coup de vent.

À 21 h 30, je m'apprête à renoncer et à rentrer chez moi quand Robin apparaît sur le pas de la porte.

– Tu veux aller manger ?
– Volontiers.

Norton Mabille, lui, hésite à se joindre à nous, puis finalement se décide. Tous les trois, nous nous rendons dans un restaurant asiatique situé à une centaine de mètres de là.

J'espérais que ce dîner serait l'occasion pour moi d'échanger longuement avec celui à qui mon frère voue un véritable culte, mais je déchante rapidement. À peine avons-nous passé nos commandes qu'il sort son smartphone de sa poche pour ne plus le quitter des yeux.

Robin se montre beaucoup plus loquace. Tout au long du repas, nous discutons de choses et d'autres.

– Pourquoi tu n'enlèves jamais ta casquette ? me questionne-t-il entre deux bouchées de bo bun.
– Parce que je perds mes cheveux, je chuchote en soulevant ma visière pour lui donner un aperçu des dégâts.
– Toi qui habitais en Turquie, t'aurais pu en profiter pour faire des implants. J'ai un ami qui est allé à Istanbul spécialement pour ça.

Il sort son téléphone pour me montrer le résultat.

– Faites-moi voir, intervient Norton qui cesse un instant de pianoter sur son smartphone.

– Voilà avant… et voilà après, commente Robin en faisant défiler les photos.
– Mouais… Je le préférais avant, lance le président du parti des Éveillés en retournant à son smartphone.

Le repas se termine. Je suis pris d'un sentiment de découragement alors que je me trouve dans le RER qui me ramène chez moi. Nouer un lien avec Norton Mabille s'avère beaucoup plus compliqué que je l'imaginais.

Pourtant, à ma grande surprise, je reçois un coup de fil de sa part le lendemain, en début de soirée. D'humeur joviale, il me demande si je souhaite l'accompagner à TV Libertés, où il donne une interview dans deux jours. Je réponds par l'affirmative.
– Parfait. Nous sommes attendus en fin de matinée. Je vous propose de venir vous chercher devant le siège du parti à 10 heures.

Le surlendemain, j'arrive au point de rendez-vous avec une vingtaine de minutes d'avance. La température dépasse à peine zéro degré. Le menton rentré et les mains enfoncées dans ma veste en jean rembourrée, je patiente depuis près de trois quarts d'heure quand une voiture s'arrête à ma hauteur. Norton Mabille est à son bord. Je n'ai jamais été aussi heureux de le voir.

– Désolé du retard, j'ai été pris dans les bouchons, s'excuse-t-il.

Sur le chemin, il téléphone à son conseiller com' en laissant le haut-parleur enclenché.

– Vous avez vu que François Bayrou veut créer un pool de maires afin d'aider certains candidats à obtenir leurs cinq cents signatures ? demande le président.

– Oui, j'ai entendu ça ce matin. Je vais essayer de le joindre, mais je n'ai pas son contact. Vous ne connaîtriez pas quelqu'un susceptible de nous le transmettre ? questionne l'attaché de presse.

– Je vais voir, mais je ne suis pas sûr.

Je suis étonné qu'un homme qui fréquente le milieu de la politique depuis près de vingt ans n'ait pas la ligne directe du président du MoDem. Mais au moins, cela me donne l'occasion d'être utile.

– Moi, j'ai son numéro de portable, je fais savoir à voix basse.

Norton Mabille me regarde avec de grands yeux.

– Ah ! Patrick, vous avez entendu ? Elliot, qui est un homme plein de ressources, a son numéro. Je lui dis de vous l'envoyer.

Après un trajet d'une trentaine de minutes, nous nous garons devant les locaux de TV Libertés, basés au Kremlin-Bicêtre. Cette web-TV dite de « réinformation », qui rassemble plus de cinq cent mille abonnés sur YouTube, a vu le jour en 2014 à l'initiative de Gilles Arnaud, ancien conseiller régional du Front national, et de Philippe Milliau, qui dirigeait alors le Bloc identitaire, une organisation d'extrême droite dissoute en mars 2021.

Promouvant une ligne éditoriale identitaire et anti-politiquement correcte, les deux hommes ont agrégé autour d'eux tout ce que la droite nationale compte de plus radical : Bruno Gollnisch (ancien bras droit de Jean-Marie Le Pen), Renaud Camus (l'écrivain à l'origine du concept du « grand remplacement »), Jean-Yves Le Gallou (ancien cadre du FN et fondateur du think tank identitaire Polémia), Henry de Lesquen (ancien directeur de Radio Courtoisie et président du cercle de réflexion d'extrême droite Carrefour de l'horloge), Pierre Cassen (créateur du site islamophobe Riposte laïque), ou encore Paul-Marie Coûteaux (partisan de l'union des droites et proche d'Éric Zemmour).

Nous sommes accueillis par Élise Blaise, l'animatrice de « Samedi politique », l'émission à laquelle Norton Mabille a été invité. Elle a le visage rond, de larges épaules et de longs cheveux châtains. Avant que l'interview ne commence, elle nous propose de boire un thé dans la salle de repos. Ensemble, nous parlons notamment des mobilisations contre le pass sanitaire organisées chaque samedi depuis de longs mois par Florian Philippot.

Norton Mabille et Élise Blaise conviennent que celles-ci ne mènent nulle part d'un point de vue politique. « Mais, au moins, elles ont le mérite de réunir les gens, de créer du lien, nuance la journaliste. Il y a quelques semaines, je suis allée à une manifestation à Hendaye pendant que j'étais en vacances. Il n'y avait que deux cents pélos. Mais ce n'est pas grave. Beaucoup étaient isolés dans leur vie de tous les jours, et on voyait que ça leur faisait du bien de se retrouver comme ça tous les samedis. »

Après l'émission, Norton Mabille et moi allons manger dans un petit restaurant libanais situé à proximité. Son attitude est bien différente de la fois précédente. Il se montre affable, chaleureux, et, très vite, il commence à se confier à moi.

Quand il était enfant, il a beaucoup souffert de la comparaison avec son grand frère, décrit comme « particulièrement vif et précoce », alors que lui était un garçon « plus pataud, plus lent ». « Mes parents nourrissaient de grandes ambitions pour mon frère. Un jour, j'ai entendu ma mère dire qu'elle espérait qu'il ferait l'ENA et deviendrait inspecteur des finances, comme Giscard », raconte-t-il.

Lui, à l'inverse, ne paraissait pas susciter la fierté de ses parents. Alors qu'il avait une petite dizaine d'années, il rentra de l'école avec un 17/20 en mathématiques. Plus de cinquante ans plus tard, il se souvient encore précisément de l'erreur qui l'a empêché d'obtenir la note parfaite. « On devait calculer le périmètre de trois fils barbelés entourant un champ. Tous mes calculs étaient bons, mais j'avais juste oublié de prendre en compte l'entrée du champ. Quand ma mère a vu ça, elle m'a dit d'une voix glaciale : "Imbécile !" »

Sur Internet, une rumeur persistante lui attribue un quotient intellectuel de 162, ce qui le place dans la catégorie des génies. Je lui demande si cette information est exacte. Il se montre un peu gêné, mais admet que c'est vrai.

– Comment ça se passait avec vos camarades de classe ?

Il prend quelques secondes pour réfléchir, puis affiche un rictus plein d'amertume.

– Je dirais que c'était un peu comme aujourd'hui en politique. Je n'étais pas le genre à faire lever les foules ou à jouer les boute-en-train au fond de la classe, mais comme j'étais toujours le meilleur élève, on me regardait d'un œil à la fois distant et respectueux.

Je saisis à travers ses paroles qu'il a conscience de ses limites en tant que leader politique, voire qu'il n'est pas toujours bienveillant avec lui-même. Et soudain, toute la colère et le dégoût qu'il m'inspirait s'évaporent. Il n'est plus l'ogre, celui qui a dévoré le cerveau de mon frère. Il n'est plus qu'un petit vieux, qui tremble des mains et marche avec les pieds écartés tel un canard. Il est convaincu d'avoir la culture, l'intelligence et les qualités morales pour faire un grand président de la République. Mais, quinze ans après avoir créé son parti, il a compris au fond de lui qu'il ne parviendrait jamais au sommet de l'État, ni qu'il influerait sur les plus hautes sphères de la vie politique française. Face à ce constat d'échec, il émane de lui une tristesse presque palpable.

– Je n'ai qu'un regret, me dit-il, c'est celui de ne pas avoir suffisamment voyagé. Quand je suis entré à l'ENA, j'avais pour objectif de travailler au Quai d'Orsay. Mais j'ai fini major de promo, et un grand corps de la fonction publique, ça ne se refuse pas.

Au final, il a donc intégré l'Inspection des finances, « comme Giscard ». Son frère aîné, lui, est devenu médecin anesthésiste.

CHAPITRE 29

« EST-CE QUE J'AI VRAIMENT ENVIE DE ÇA ?

Le lendemain de cette journée en tête à tête, le parti organise une réception dans ses locaux. Une cinquantaine de militants sont attendus. Avant de m'y rendre, je regarde la conférence de Norton Mabille sur l'histoire de France. Beaucoup de ses partisans m'ont confié l'avoir découvert par ce biais. Mise en ligne il y a cinq ans, la vidéo compte aujourd'hui plus d'un million de vues sur YouTube.

Son intervention est remarquable. S'il n'est pas un orateur de premier ordre, le président du parti des Éveillés est en revanche un excellent pédagogue. En à peine trois heures, il synthétise plus de deux mille ans d'Histoire, des Gaulois jusqu'à la création de l'Union européenne, tout en parsemant son récit d'anecdotes érudites qui aident à la compréhension et à la mémorisation des moments clés de notre passé.

De son résumé, il tire deux enseignements principaux : « Être français, c'est se mobiliser contre les dirigeants pour sauver la France lorsqu'elle est en danger de mort » et « La France, depuis deux mille ans, n'a jamais accepté de perdre son indépendance nationale, et elle ne l'acceptera pas ». Il est catégorique : « Si tous les peuples, à toutes les époques, se sont intéressés à l'Histoire, c'est parce qu'ils savent que l'Histoire se répète. » Par conséquent, la sortie de la France de l'Union européenne est pour lui un fait inéluctable. « À six mois, j'aurai peut-être tort. Mais à cent ans, je suis plus que sûr d'avoir raison. »

J'arrive au siège du parti en milieu d'après-midi. À peine entré, je me joins à un petit groupe qui revient sur le passage de Mabille dans la matinale de France 2 quelques heures plus tôt. Comme la quasi-totalité des adhérents, ils sont persuadés que leur leader a fait l'objet d'un traitement particulièrement malveillant de la part du journaliste qui l'interviewait. « Le mec était insupportable, il n'était que dans la contradiction. On voit bien que NM est l'homme à abattre », s'emporte l'un d'eux.

Quelques dizaines de minutes plus tard, je fais la rencontre de Jalil, un jeune homme qui fêtera ses 25 ans dans deux jours. « Mon plus beau cadeau d'anniversaire, c'est d'avoir pu parler à M. Mabille », dit-il fièrement. Né de parents tunisiens, il étudie le graphisme de jeu vidéo après avoir passé quatre années en fac de psychologie. Il est bien bâti, a de beaux yeux marron et porte une barbe minutieusement entretenue. Mais ce physique soigné semble abriter une âme tourmentée.

– Je n'ai pas d'amis. Mes parents ne me comprennent pas non plus. Et dans mon école, je suis vu comme un pestiféré parce que j'ai refusé de me faire vacciner. Mes camarades de promo restent sourds à tous mes arguments.

Je lui réponds avec compassion.

– Si j'ai un conseil à te donner, c'est de ne jamais aborder la question du vaccin et du Covid-19 avec des gens qui n'ont pas le même avis que toi. Ça ne sert à rien. Ils ne te convaincront pas, et tu ne les convaincras pas non plus.

– T'as peut-être raison. Le confinement a été une période très difficile pour moi. Franchement, si je n'avais pas découvert Norton Mabille à ce moment-là, je pense que j'aurais fini par me suicider.

Et mon frère, où serait-il s'il n'avait pas découvert le chef du parti des Éveillés, s'il ne s'était pas pris de passion pour ses théories ? Depuis tant d'années, je vis avec l'espoir d'avoir un jour un frère « normal ». De toute évidence, je cherche quelque chose de vain. À l'instar de Jalil, mon frère est incapable d'être ce que la société attend de lui. Pendant trente ans, il a trouvé son salut dans la came. Quand il a décroché, il lui a fallu dégoter autre chose pour supporter ce monde qu'il ne comprend pas et qui ne le comprend pas non plus. C'était stupide de ma part d'imaginer qu'il puisse devenir Monsieur Tout-le-Monde.

Juste après son quarantième anniversaire, nous sommes allés tous les deux passer quelques jours à Londres. À Camden Market, où il se sentait dans son élément au milieu des punks et des zonards, il avait acheté un tee-shirt vert kaki reprenant le speech final de *Trainspotting*. « Le boulot, la famille, la super téloche, la machine à laver, la bagnole, etc. » À la toute fin étaient ajoutés quelques mots qui ne figurent pas dans le film : « Est-ce que j'ai vraiment envie de ça ? »

Et si la réponse était « non » ?

– Au revoir, Elliot. Ravi de t'avoir rencontré. Merci pour ta gentillesse, me glisse Jalil au moment de s'en aller.

Je le regarde s'éloigner. Quand il franchit la porte, je me dis qu'il est aussi temps pour moi de quitter le parti des Éveillés.

Quelques jours avant la publication de la liste officielle des candidats, et alors qu'il devenait clair que Norton Mabille n'en ferait pas partie, j'ai appelé ce dernier pour lui annoncer que RTL annulait son invitation, programmée depuis plusieurs semaines, en raison du déclenchement de la guerre en Ukraine, à laquelle la station radio avait choisi de consacrer une journée spéciale.

« Ah non ! Vous leur dites que je viens ! Ils ont déjà été rappelés à l'ordre par le CSA parce qu'ils m'ont accordé zéro minute et zéro seconde de temps d'antenne en cinq ans, et là, ils annulent au dernier moment. C'est scandaleux ! » hurle-t-il à l'autre bout du fil. Puis, après avoir retrouvé son calme, il poursuit, désabusé : « Vous savez, ça fait quinze ans qu'on m'invisibilise. Les journalistes sont vraiment des crevures, de la saloperie. Il n'y a plus de démocratie en France. »

C'est la dernière fois que je me suis entretenu avec lui. Cet épisode est emblématique de l'image que j'en garde : celle d'un homme esseulé, s'estimant injustement maltraité. En somme, je le trouve assez conforme à ses partisans. À tout le moins à l'un d'entre eux.

Aujourd'hui, j'ai le sentiment de mieux cerner la personnalité de mon frère grâce aux personnes côtoyées au fil de ces six derniers mois. Il est différent et le sera toujours. Son complotisme en est la conséquence, pas la cause. Que faire de ce constat ? Je viens de passer six mois à essayer d'accumuler des preuves pour sortir mon frère de sa matrice. J'ai oublié de me poser une question toute simple : est-ce que ça existe, des gens qui « sortent » du complotisme ?

CHAPITRE 30

« SOIT TU ES PERDU À JAMAIS, SOIT TU AS UN SURSAUT »

Vincent Lapierre est le premier nom qui m'est venu en tête pour essayer de trouver des réponses à cette question. Pendant quatre ans, de 2014 à 2018, cet admirateur de Hugo Chávez – l'ancien président vénézuélien, auquel il a consacré sa thèse de doctorat en économie – fut l'un des principaux lieutenants d'Alain Soral. De son vrai nom Alain Bonnet, Alain Soral est une figure centrale de la complosphère française depuis plusieurs années. Il a été condamné à de multiples reprises pour « diffamation », « injures raciales ou antisémites », « incitation à la haine raciale », « provocation à la haine, la discrimination ou la violence », « apologie de crime de guerre et contre l'humanité » ou encore « négationnisme ».

Le rôle de Vincent Lapierre à l'époque: réaliser des reportages – la plupart du temps des micros-trottoirs – servant à alimenter la propagande d'Égalité et Réconciliation (ER), l'association fondée en 2007 par Alain Soral.

Dans une vidéo, on retrouve par exemple Vincent Lapierre à proximité de l'endroit où se tient le dîner annuel du Crif (Conseil représentatif des institutions juives de France), en train de prendre à partie les policiers qui lui demandent de quitter les lieux: « Vous donnez une très mauvaise image de la police. Vous êtes au service d'une communauté, et les Français le voient. Je vous garantis que ça ne va pas durer. Les régimes, ça change. »

Une autre fois, il est présent au côté d'Alain Soral lors du jugement de ce dernier pour « apologie de crimes de guerre et contre l'humanité ». « Vous ne faites pas peur », lance-t-il avec un sourire en coin à un membre de la Ligue de défense juive (LDJ) face à lui.

Les reportages de Vincent Lapierre font des dizaines de milliers de vues sur YouTube, parfois plus. En parallèle, il anime une émission de radio diffusée sur le site d'Égalité et Réconciliation, dans laquelle défile tout le gratin de l'antisémitisme et du conspirationnisme: le négationniste

Robert Faurisson ou encore feu Emmanuel Ratier, admirateur assumé d'Adolf Hitler et fondateur de la revue *Faits & Documents*, d'où sont parties les rumeurs sur la transsexualité de Brigitte Macron en décembre 2021.

Vincent Lapierre est alors au zénith de sa popularité dans les milieux de l'extrême droite alternative, parfois baptisée « la Dissidence ». Pourtant, à la surprise générale, il décide de quitter le mouvement soralien à l'été 2018 et de fonder son propre site d'information, *Le Média pour tous*. Avec une ligne éditoriale teintée de populisme et débarrassée de tout antisémitisme, il devient le chouchou des Gilets jaunes, pour lesquels il prend fait et cause et dont il couvre chacune des manifestations.

Lorsque éclate la crise sanitaire, il compte plus de deux cent cinquante mille abonnés à sa chaîne YouTube. Parmi les gens qui le suivent, beaucoup vont souscrire aux thèses conspirationnistes qui fleurissent lors de l'apparition du Covid-19. Au regard de son passé à ER, on s'attend à ce que lui aussi embrasse ces récits alternatifs. Mais non.

Au contraire, il publie en mai 2020 une vidéo dans laquelle il démonte les multiples mensonges d'Alain Soral à propos du Covid-19. Cette prise de position inattendue lui vaut de recevoir de vives critiques d'une bonne partie de son public. Deux membres de son équipe font également savoir qu'ils quittent *Le Média pour tous* en raison de désaccords idéologiques. Dans la tempête, Vincent Lapierre maintient sa ligne et multiplie les prises de position anticomplotistes.

Je le retrouve dans un café du 9e arrondissement de Paris. Même s'il fait encore chaud en ce début d'automne, il est vêtu de son inamovible veste en cuir et d'un sweat à capuche. Il est venu accompagné d'un ami, Hassen, qui fut quelque temps un proche de Daniel Conversano, l'un des idéologues du suprémacisme blanc les plus écoutés sur Internet. « Mais ça fait longtemps qu'on ne travaille plus ensemble », s'empresse de préciser Hassen quand j'évoque son nom.

Vincent Lapierre est affable, d'une extrême politesse, et se montre bien disposé à mon égard. « Pas de problème, je te fais confiance », me dit-il quand je lui demande si je peux enregistrer notre conversation.

J'ai rapidement le sentiment que cette interview est pour lui l'occasion de se justifier de sa période soralienne, à laquelle rien ne le prédestinait. Il décrit sa famille comme aimante et très ancrée à gauche. Son père, imprimeur, l'emmène chaque année à la Fête de l'Huma. Sa mère est une immigrée colombienne issue de la classe populaire. Tous les étés, la famille se rend dans une maison qu'elle possède dans un *barrio* de Manizales, une ville du centre de la Colombie. De là naît son intérêt pour les questions sociales. « Quand j'étais adolescent, je me demandais pourquoi mes amis colombiens marchaient pieds nus dans la rue et pas mes amis français. »

Ce qui l'a rapproché d'ER: le patriotisme de gauche, cher à Chávez. Or la figure de Chávez, l'organisation d'Alain Soral la revendiquait aussi à ses débuts avec son slogan « gauche du travail, droite des valeurs ». « L'antisémitisme était déjà présent à cette époque. Mais il était moins visible qu'aujourd'hui. En public, Soral faisait la différence entre ce qu'il appelait "les Juifs du quotidien" et "les Juifs d'élite". En privé, j'ai tout de suite vu que ce n'était pas le cas, mais je me suis dit qu'il fallait dépasser cette facette-là, pour la cause. Je n'avais pas de haine contre les Juifs. Mais il est vrai que j'ai fini par croire qu'il y avait un lobby juif surpuissant. »

Il assure n'avoir jamais totalement basculé dans le complotisme, sans le repousser pour autant. « Par exemple, quand j'interviewais Claire Séverac [une autrice décédée en 2016 qui croyait en l'existence des *chemtrails*, prenait position contre la vaccination et ne faisait pas confiance à la médecine], je me disais : "Après tout, pourquoi pas ?" Quand tu traînes dans les milieux conspis, tout devient possible. Tu ne fermes aucune porte. Jamais tu ne te dis : "Lui, il est taré, je ne l'écoute pas." Et puis, tu accordes davantage de crédit aux scientifiques qui tiennent des positions marginales, comme le professeur Joyeux, qu'au consensus scientifique. »

Quand il lance *Le Média pour tous*, lassé par « la méchanceté et la folie d'Alain Soral », il est encore imbibé de toute cette culture complotiste et antiscience qu'il a ingurgitée à ER. Jusqu'au jour où il réalise un reportage sur les déchets nucléaires.

– Lors d'une manifestation de Gilets jaunes, on m'a parlé de StocaMine. Il s'agit d'un site où sont enfouis des déchets industriels, qui est positionné juste au-dessus de la plus grande nappe phréatique d'Europe. Le mec qui m'a informé de l'existence de ce site me disait : « Les ingénieurs mentent. C'est sûr que ces déchets vont percer la nappe phréatique. Dans deux cents ans, ce sera la catastrophe. » Je suis donc allé sur place et miraculeusement, malgré mon passé, les responsables de StocaMine ont accepté de me rencontrer. Et là, je me suis aperçu que les ingénieurs avaient réponse à tout, techniquement, qu'ils avaient réfléchi au problème et que ce n'était pas aussi simple que ce que m'en avaient dit les opposants à StocaMine. Ça a vraiment été un moment de bascule. À partir de là, petit à petit, j'ai déconstruit tous les mythes antisciences que j'avais gobés.

– À l'époque où tu étais au sein d'ER, est-ce que tu aurais été en mesure d'entendre des contre-arguments à ta thèse de départ ? je lui demande.

– Peut-être que non, peut-être que je n'aurais pas voulu comprendre ce qu'on me disait.

Il marque un temps d'arrêt.

– Peut-être qu'au fond, pour sortir du complotisme, il faut pousser le délire jusqu'au bout. Là, il y a deux scénarios : soit tu es perdu à jamais, soit tu as un sursaut en te rendant compte que tu es en train de basculer dans la folie.

Cette réflexion me rappelle l'histoire d'un autre ancien conspirationniste que j'ai rencontré quelques semaines plus tôt. Dès l'adolescence, « Lapin », comme le surnomment ses amis, a adhéré aux théories complotistes les plus extrêmes du Web, notamment celles postulant l'existence de rituels pédo-satanistes auxquels s'adonneraient les membres de l'oligarchie. « Même la théorie des reptiliens ne me semblait pas aberrante », m'a-t-il confié alors que nous partagions une bière à la terrasse d'un bar de Limoges, où je passais quelques jours de vacances.

Tout a changé quand Lapin a commencé à croire aux fantômes. Pour rationaliser sa conviction et se préparer aux contre-arguments qui pourraient lui être opposés, il décide de visionner les vidéos réalisées sur le sujet par La Tronche en biais, une chaîne YouTube animée par des « zététiciens », dont la spécialité est d'apporter des réponses rationnelles aux phénomènes dits « paranormaux ».

« De façon inattendue, m'a-t-il raconté, leurs explications m'ont convaincu. Ça a été le déclic. J'ai commencé à me dire que si je m'étais trompé sur les fantômes, je m'étais peut-être également trompé sur tout le reste. » Au fil des mois, Lapin a ainsi fait le chemin inverse, au point d'être aujourd'hui un anticomplotiste convaincu.

Pour Vincent Lapierre, la sortie du conspirationnisme ne s'est pas faite sans heurts. D'un point de vue économique, d'abord : après sa vidéo contre Soral, les dons qu'il recevait pour soutenir *Le Média pour tous* chutent de moitié, passant de quinze mille à sept mille euros mensuels.

Sa vie privée aussi en a pâti. « Forcément, quand tu prends une voie qui est à ce point différente de celle pour laquelle on t'a connu et aimé, ça en désarçonne plus d'un. J'ai eu pas mal d'amis proches qui n'ont pas compris. »

Pourtant, malgré les difficultés rencontrées, il ne regrette pas le chemin qu'il a emprunté : le Covid-19 était un sujet trop grave à ses yeux pour commencer une carrière de démagogue qui aurait pu s'avérer des plus rentables.

– Les complotistes estiment que j'ai choisi la trahison, que j'ai rejoint le système par facilité. Mais c'est l'inverse : c'est très coûteux de sortir du complotisme, à tous les niveaux, observe-t-il.

C'est un élément que je n'avais pas envisagé. Quand bien même mon frère s'apercevrait qu'il s'est fourvoyé toutes ces années, aurait-il envie de faire machine arrière ?

CHAPITRE 31

LE DÉCLIC

Il est un peu plus de 19 heures. Comme tous les mardis, ZioClo a démarré son émission en direct sur sa chaîne YouTube, qui compte alors plus de vingt mille abonnés. Au programme du soir : la polémique qui entoure Kentra, un youtubeur de 18 ans proche des idées d'Alain Soral, auquel le journal *Libération* vient de consacrer un article[22].

ZioClo est en train de débattre avec un autre intervenant. Soudain, il s'interrompt.

– Attendez, mon téléphone sonne, indique-t-il en collant son smartphone à son oreille. Allo ! Oui, qu'est-ce qui se passe ? Ah d'accord, est-ce que tu peux me rappeler demain matin, parce que là

22. « Pourtant interdites, les vidéos antisémites de Soral essaiment sur YouTube », *Libération*, 21 septembre 2022.

je suis en émission. OK, je le garde pour moi, il n'y a pas de soucis. À demain.

Il relève la tête.

– Vous n'avez rien entendu ? demande-t-il à ses followers. C'est bon, je n'ai pas gaffé ? Sérieux, dites-moi !

Dans le tchat, beaucoup s'amusent de la situation. « C'est l'inspecteur des impôts », écrit l'un. « Non, c'est sa maîtresse », plaisante un autre.

– Bon, OK, vous n'avez rien entendu. C'est cool. Alors on reprend, souffle ZioClo, un brin soulagé.

Pourtant, plusieurs semblent avoir distinctement entendu le contenu de ce bref échange. « C'est un journaliste qui veut l'interviewer au sujet du complotisme », écrit un internaute dans le tchat.

Le journaliste en question, c'est moi. Comme Vincent Lapierre, ZioClo, de son vrai nom Alexandre, s'est longtemps noyé dans le conspirationnisme, dans sa frange la plus ésotérique. Peu après en être sorti, il a créé sa chaîne YouTube, dans laquelle il traite de l'actualité de la Dissidence et des complotistes du Net. En écoutant certaines de ses émissions, j'ai appris qu'il était également un ancien toxicomane, raison pour laquelle j'ai souhaité le contacter.

Nous nous retrouvons le jour d'après en visioconférence. Assez vite, nous remontons le fil de sa vie. Comme c'est le cas pour beaucoup de conspirationnistes que j'ai croisés, celle-ci n'a pas toujours été facile. Avec un père absent et une mère victime d'une crise de mysticisme, ZioClo a vécu une grande partie de son enfance chez ses grands-parents. À l'adolescence, il se met à fumer de la marijuana en grosse quantité, avant de passer aux drogues dures.

À l'orée de sa vie d'adulte, il fait ses premiers pas dans le complotisme quand une de ses connaissances lui parle de la franc-maçonnerie. Le sujet ne tarde pas à l'obséder. « Parfois, j'essayais de deviner ceux qui en faisaient partie quand je me baladais dans la rue », s'amuse-t-il. Sur Internet, il écume les blogs qui dénoncent la mainmise des loges sur les institutions.

Un complot en entraînant un autre, son spectre de croyances s'élargit petit à petit. Un schéma que j'ai souvent rencontré au cours de mon enquête. Mais ce n'est que plus tard, lorsque sa petite amie tombe enceinte et décide d'avorter, qu'il s'immerge totalement dans le complotisme. « Comme je n'allais pas bien, je passais mes journées sur Internet. Ça évite de communiquer », analyse-t-il.

Passionné d'alchimie et d'ufologie, il finit par se rapprocher d'une petite communauté d'adeptes d'ésotérisme au sein de laquelle il fait office de médium.

– Mais toi, te disais-tu que tu pouvais lire l'avenir ? je l'interroge.

– Je faisais tout pour y croire. On me répétait : « Tu as des dons, tu es médium. » Je me suis pris au jeu. Et puis, comme je ne demandais pas d'argent, je me disais que je ne faisais de mal à personne.

Son entrée dans la sphère conspirationniste ne lui permet pas de recréer du lien social. Au contraire : il s'isole encore un peu plus. « Mais c'était compensé par l'espèce d'extase que je ressentais à certains moments. Quand tu es complotiste, tu as l'impression de découvrir des choses extraordinaires. Dans ta tête, tu te perçois comme une semi-divinité. Tu es au-dessus du monde ordinaire. »

Durant cette période, sa consommation de drogues diminue, remplacée par sa nouvelle addiction. Le conspirationnisme fait office pour lui de shoot d'héroïne. Il lui apporte cette même « plénitude après l'excitation », ce même « sentiment que le temps s'arrête, de dissociation avec la réalité ». Il l'aide aussi à combattre l'ennui

– « un grand problème chez nous, les toxicos » – et à accepter son mal-être. « J'étais inadapté, mais le problème venait des autres, du monde, pas de moi. C'était une déresponsabilisation bien pratique. »

Pendant quatre ans, de 2012 à 2016, ZioClo vit en marge de la société. Jusqu'au jour où une personne de son entourage lui conseille de regarder la vidéo du débat entre les zététiciens de la chaîne YouTube scientifique La Tronche en biais et Jacques Grimault, le coréalisateur de *La Révélation des pyramides*, le film qui avait tant marqué mon frère et dont l'idée centrale est que les pyramides d'Égypte ont été construites par une civilisation antérieure à la nôtre, mais disposant de technologies très avancées et inconnues. Très bien réalisé et visuellement abouti, le documentaire a connu un énorme succès sur la Toile et a même été diffusé par la chaîne RMC Découverte, visiblement peu regardante quant aux thèses défendues.

Durant les jours qui ont précédé cette rencontre, Jacques Grimault, qui jouissait d'une importante notoriété à l'époque, avait martelé sur sa page Facebook qu'il allait ridiculiser ses contradicteurs. Mais le jour venu, c'est le contraire qui se produit. Très bien informés sur les idées qu'il soutient, les deux animateurs de La Tronche en biais n'ont aucun mal à le mettre face à ses contradictions. Pour ZioClo, c'est le déclic. Pour la première fois depuis longtemps, il est davantage convaincu par les arguments avancés par les tenants de la science « officielle » que par ceux d'un de ses contempteurs.

– Pourquoi cette vidéo et pas une autre ?

– Je crois que ce qui a bien fonctionné, c'est que les mecs de La Tronche en biais savaient de quoi ils parlaient. Ils connaissaient très bien Jacques Grimault, son parcours, et ils étaient aussi très bien informés sur la culture complotiste du Web. Du coup, ils ont pu rentrer sur son terrain, alors que lui était incapable d'aller sur le leur.

Tous les anciens complotistes avec lesquels je me suis entretenu me décrivent ce déclic face à un contenu, comme s'il s'agissait d'un phénomène magique : d'un jour à l'autre, sans qu'ils comprennent vraiment pourquoi, ils accordent du crédit à des arguments et des contre-discours auxquels ils restaient sourds jusque-là. Existe-t-il une façon d'enclencher ce processus, de forcer ce fameux déclic ? Il semblerait que non. Quand je raconte mon histoire personnelle à ZioClo, il me confirme ce constat d'impuissance : « Moi non plus, je n'arrive pas à déconstruire les croyances des complotistes. Le changement doit venir de ton frère lui-même. Mais il ne faut pas que tu oublies qu'abandonner le conspirationnisme peut conduire à un effondrement. C'est comme de ne plus croire en Dieu. Pour moi, ça a été très dur. J'ai pris beaucoup de drogues quand j'en suis sorti, tellement c'était violent. »

CHAPITRE 32

S'ÉCOUTER, SE RESPECTER

Avant, quand j'entendais le mot *secte*, j'avais en tête cette image d'un groupe de fidèles réunis dans une pièce sombre, bougies à la main, écoutant sans jamais les remettre en cause les prêches d'un gourou usant de sa position pour délester ses ouailles de leurs économies et obtenir des faveurs sexuelles. « À tort, m'assure au téléphone Pascale Duval, la porte-parole de l'Unadfi, principale association française d'aide aux proches des victimes de sectes. Que l'on parle de complotisme ou de mouvements sectaires, les conséquences sont les mêmes : changement de comportement et de valeurs, rupture avec son entourage, défiance à l'égard de la société, etc. »

Faire la distinction est d'autant plus délicat qu'« une secte est complotiste par nature.

Des gens comme Thierry Casasnovas[23] ou Jean-Jacques Crèvecœur[24] sont sur nos tablettes depuis longtemps. Sauf qu'à l'époque, on ne les présentait pas comme des conspirationnistes mais comme des leaders de mouvements sectaires. »

J'apprends aussi que, contrairement à ce que j'imaginais, les adeptes des sectes, comme les conspirationnistes, adhèrent à une doctrine plus qu'à une personne. « Ron Hubbard[25] est mort depuis longtemps. Pourtant, la scientologie existe toujours », fait observer mon interlocutrice. Celle-ci travaille à l'Unadfi depuis vingt-cinq ans. Des cas comme le mien, elle en a déjà traité des centaines, si ce n'est des milliers. Disposerait-elle d'une méthode miracle pour endiguer le complotisme de mon frère ? Mes espoirs sont vite douchés.

« Malheureusement, il n'y a pas grand-chose à faire », répond-elle, un brin désolée. Et de poursuivre par une confidence : « Pendant la crise du Covid-19, j'ai vu quelqu'un de ma propre famille

---

23. Ce créateur de la chaîne YouTube Régénère, qui prône le crudivorisme et le jeûne, a été mis en examen en mars 2023, notamment pour « abus de confiance » et « exercice illégal de la pharmacie et de la médecine ». Il est présumé innocent.
24. Conspirationniste belge opposé à la vaccination.
25. Fondateur de l'Église de scientologie.

glisser petit à petit dans le conspirationnisme. Même moi, alors que nous nous fréquentions beaucoup et qu'il savait très bien ce que je faisais, je n'ai pas pu l'empêcher.

– Même vous, je répète, songeur, constatant avec tristesse que les spécialistes de ces questions n'ont pas plus de prise que moi sur le cerveau d'un croyant.

Je reprends :

– Dans ce cas-là, que faites-vous lorsque quelqu'un qui rencontre les mêmes problèmes que moi se présente à l'Unadfi ?

– Notre rôle, c'est d'expliquer aux familles ce qu'elles sont en train de vivre, de leur faire accepter la situation sans en avoir honte, et aussi de faire en sorte qu'elles se protègent. Dans le cas d'un couple, par exemple, on essaye de voir si la dérive conspirationniste d'un des deux parents a des conséquences sur l'éducation des enfants, sur les finances du foyer, etc. Nous donnons des conseils concrets. »

Peu après cet entretien, je découvre qu'il existe à l'étranger différentes structures qui proposent d'aider les victimes du complotisme elles-mêmes, et pas uniquement leurs familles, à la différence de ce qui se fait en France.

À Montréal, le Centre de prévention de la radicalisation menant à la violence (CPRMV) a été créé en 2015, à la suite des attentats djihadistes ayant touché le Canada l'année précédente. « Mais l'islamisme n'est pas la seule idéologie pouvant conduire à la radicalisation, me précise lors d'une visioconférence Louis Godet-Gosselin, le directeur scientifique du centre. Dès le début, nous nous sommes par exemple intéressés aux mouvements d'extrême droite. Le complotisme en tant qu'idéologie, lui, n'a réellement fait son apparition qu'au moment du Covid-19. »

Je demande au chercheur de m'éclairer sur un point. Les consultations au CPRMV se font uniquement sur la base du volontariat. Qu'est-ce qui peut donc pousser des personnes comme mon frère à s'en rapprocher, sachant qu'elles sont convaincues que ce sont les autres qui sont dans l'erreur ?

– Effectivement, c'est un peu contre-intuitif de se dire que des gens vont demander de l'aide à propos des idées auxquelles elles adhèrent, sourit-il. Mais dans n'importe quel parcours de radicalisation, il y a toujours des moments de doute, même si cela ne transparaît pas. Les complotistes sont confrontés à des contre-discours, à des arguments contradictoires, ainsi qu'à l'hostilité de leur entourage. Notre défi, c'est d'être présents lors de ces moments de doute, pour tenter d'entamer un dialogue.

Jeanne Plisson, l'une des deux conseillères du centre chargées d'encadrer les personnes radicalisées, qui assiste à l'interview, rebondit :

– Quand quelqu'un prend contact avec nous, nous essayons de comprendre ce qui l'a mené aux théories du complot. Est-ce que c'est lié à un besoin de sociabilité ? À une perte de repères ? Est-ce que cette adhésion fait suite à un événement en particulier ? L'idée, c'est de définir les besoins que sa radicalisation a comblés afin que nous puissions y apporter des réponses.

– L'aspect social est très important, embraye Louis Godet-Gosselin. C'était par exemple très visible au moment du « Convoi de la liberté » [un mouvement de protestation contre l'obligation vaccinale qui s'est déroulé au Canada en janvier et février 2022, et lors duquel les manifestants ont traversé le pays en camion avant de rejoindre Ottawa et de faire le siège du Parlement fédéral, NdA]. Les gens qui y participaient étaient très heureux : ils manifestaient pour quelque chose qui leur semblait important, ils rencontraient des personnes qui pensaient comme eux, ils se faisaient des amis… Il est évident que s'ils ne peuvent pas retrouver ça ailleurs, ils ne vont avoir aucun intérêt à sortir du conspirationnisme.

Je demande ensuite à Jeanne Plisson de me donner plus de détails sur l'accompagnement proposé par le centre.

– Notre démarche ne peut pas vraiment s'apparenter à de la déradicalisation, car nous ne cherchons pas à convaincre les individus d'abandonner leur idéologie. En revanche, nous travaillons sur des points qui permettent de rendre leur adhésion moins soutenue et surtout de diminuer le risque qu'ils commettent une action violente. Quand on parle du complotisme, on souligne souvent les facteurs de vulnérabilité comme l'isolement social ou l'angoisse face à l'avenir. Mais on ne pense jamais aux facteurs de protection que sont l'acceptation de la diversité des points de vue ou la capacité à faire preuve de nuance. Outre la question des besoins que j'ai évoquée précédemment, ce sont sur ces enjeux précis que nous travaillons.

Quand je lui demande ce qu'elle recommande aux personnes dont un parent, un conjoint ou un proche est devenu conspirationniste, elle insiste tout de suite sur l'importance de maintenir un lien de confiance. « C'est un facteur de protection essentiel, poursuit-elle. On conseille également de poser des questions ouvertes pour tenter de comprendre ce qui a conduit cette personne à adhérer aux théories du complot, et ainsi être en mesure de réagir de manière adaptée. Par exemple, si on s'aperçoit que quelqu'un est devenu conspirationniste afin de renouer avec un sentiment d'appartenance à un groupe, on conseillera à ses proches d'avoir des activités avec lui, d'essayer de lui faire intégrer des associations, etc. »

Autrement dit, comme il ne sert à rien de s'attaquer aux convictions du croyant, le CPRMV préconise de s'en prendre aux causes qui ont rendu possible le basculement dans le conspirationnisme. Le but n'est pas d'aboutir à une sortie complète du complotisme, mais de rendre celui-ci plus vivable, aussi bien pour le croyant lui-même que pour ses proches.

Au sujet d'éventuelles statistiques sur l'efficacité de leur accompagnement, Louis Audet-Gosselin se refuse à toute conclusion hâtive : « Nous ne pouvons pas réellement savoir ce que les gens que nous avons suivis seraient devenus s'ils n'avaient pas croisé notre route. Tout ce que nous pouvons dire, c'est que nous avons l'impression d'apporter quelque chose. »

Les deux autres organismes que je contacte dans la foulée me livrent à peu près les mêmes réponses. « Assez peu de nos clients sont sortis du complotisme, me confie Christian Savard, psychologue au sein de l'équipe polarisation du Centre intégré universitaire de santé et de services sociaux (CIUSS), installé au Québec. Personnellement, je n'ai aucun problème avec ça, car je ne veux pas d'une police des idées. En revanche, plusieurs d'entre eux ont repris leurs études, entamé une relation amoureuse, renoué avec des amis, des membres de leur famille… C'est à ça qu'on mesure notre succès. »

Psychiatre et directrice du centre Zebra, en Allemagne, Sarah Pohl abonde dans le même sens. « Je crois qu'il n'est pas possible de changer les idées de quelqu'un. Notre objectif, c'est de faire en sorte que de chaque côté, celui du complotiste et celui de ses proches, on réapprenne à s'écouter, à se respecter et à accepter le point de vue de l'autre. »

Comme ses homologues, elle conseille de poser des questions ouvertes du type « Pourquoi est-ce important pour toi de t'informer autant ? » ou « Qu'est-ce que ça t'apporte ? » plutôt que d'opposer des contre-arguments. Elle préconise aussi d'exprimer ses émotions. « Par exemple, dans votre cas personnel, vous pouvez dire : "Écoute, c'est dur pour moi de voir que tu crois à ce genre de choses. Ça me rend triste." Si votre frère prend conscience de l'impact émotionnel que ses croyances génèrent chez vous, ça peut le conduire à s'interroger sur lui-même et à se remettre en question. Vous ne pouvez pas faire ce travail d'introspection à sa place, mais vous pouvez l'aider à enclencher le processus. »

Résumons : tous mes interlocuteurs s'accordent à dire qu'il n'est pas possible d'infléchir les idées d'un croyant. En définitive, chacun reste maître de ses opinions. Ce n'est d'ailleurs pas plus mal. Et puis, au fond, pourquoi était-ce si important pour moi que mon frère sorte du complotisme ? Parce que je considérais qu'autrement il ne serait pas possible de combler le fossé qui nous sépare. Je comprends aujourd'hui que je me trompais. J'ai pris le problème dans le mauvais sens.

Comme il ne sert à rien d'essayer de le changer, c'est mon approche que je dois faire évoluer. Plus de débats interminables, plus de confrontations. Dorénavant, je m'appliquerai à suivre les conseils des spécialistes en déradicalisation : éviter d'aborder les questions qui fâchent, trouver des sujets de conversation plus consensuels, partager de bons moments et faire des activités en commun. Depuis combien de temps n'avons-nous pas joué aux échecs ensemble ?

CHAPITRE 33

SUR LE RING

Avril 2023. Le front collé contre la fenêtre, je regarde les chiens s'ébattre sur la pelouse du jardin, que la pluie persistante des dernières semaines a transformée en une mélasse boueuse. Je me tourne vers mon frère.

– Le printemps se fait désirer, cette année.

– Oui. Espérons qu'on aura meilleur temps dans les prochains jours, répond-il sans décoller les yeux de son ordinateur.

Je suis chez lui pour quelques jours. Cela faisait près d'un an et demi que nous ne nous étions pas vus. Le complotisme n'y est pour rien : entre mon travail et un séjour prolongé à l'étranger, nous n'en avions tout simplement pas eu l'occasion. C'est donc la première fois que je peux appliquer les conseils qui m'ont été prodigués.

Depuis mon arrivée, deux jours plus tôt, je les ai suivis scrupuleusement: pas de débats, pas de batailles d'arguments sur la guerre en Russie ou l'efficacité du vaccin contre le Covid-19. Juste des discussions légères et plaisantes.

Malgré la distance, nous nous sommes beaucoup appelés, ces derniers mois. Nos échanges se sont largement apaisés; nous parlons de tout, sauf de politique. Lui aussi semble avoir décidé de mettre nos différends de côté. Maintenant que nous sommes sortis de la crise du Covid, il me paraît également moins accaparé par les théories alternatives. Selon ses dires, corroborés par sa compagne, il passe désormais moins d'une heure par jour sur Internet. Le reste de son temps libre, il le passe à retaper les ordinateurs en fin de vie qu'on lui apporte.

Ses idées n'ont pas changé pour autant. Ainsi, un soir, entre deux tasses de thé, il assure qu'il est tout à fait envisageable que le Covid-19 ait été créé par « l'élite oligarchique » afin de refaçonner l'économie mondiale, la fameuse théorie du « Grand *Reset* ». À mes yeux, cette hypothèse est pour le moins fantaisiste. Mais cela ne me dérange plus qu'il y croie. Son conspirationnisme constituait un problème lorsqu'il occupait toutes ses pensées, qu'il y consacrait tout son temps, qu'il était incapable de parler d'autre chose et que je m'étais mis en tête de lui faire abjurer sa nouvelle foi. Maintenant que tout cela est de l'histoire ancienne, j'arrive à ne plus me soucier de ce qui se passe dans sa tête. Et, lui comme moi, nous nous en portons mieux.

Il y a quelques mois, je l'ai informé que j'allais publier un livre, sans pour autant lui révéler qu'il en serait le personnage principal. À chaque fois que nous en parlons, je sens chez lui la même fierté qu'à l'époque où je remportais mes premiers tournois d'échecs. « J'ai prévenu tout le monde autour de moi. Je vais me la péter grave quand il va sortir. J'ai tellement hâte », s'enthousiasme-t-il. Le voir si ravi de cette publication dont il ne connaît pas encore le contenu me met mal à l'aise.

Beaucoup de choses ont changé depuis le début de mon enquête. J'ai compris que je devais cesser de combattre le complotisme de mon frère comme si je me trouvais sur un ring, espérant qu'un de mes arguments finisse par le mettre KO et le force à reconsidérer sa vision du monde.

Aujourd'hui que nos rapports se sont apaisés et que mon frère semble avoir trouvé son équilibre, quel effet mon livre peut-il avoir sur nos relations ?

CHAPITRE 34

L'ANNONCE

Juin 2023. La musique des Pixies résonne dans l'habitacle. Machinalement, je tapote le volant avec mes pouces au rythme de la guitare.

Where is my mind?

Where is my mind?

Wheeerrrrreeeee is my mind?

Je roule depuis près de cinq heures et j'éprouve ce soulagement qu'on ressent lorsqu'on approche de la fin d'un long trajet. Soudain, à trois cents mètres devant moi, en sens inverse, une camionnette déboîte sur ma file pour doubler la voiture qui la précède, malgré la faible distance qui nous sépare. Je me rapproche dangereusement, et la camionnette n'est toujours pas en mesure de se rabattre. Pour éviter la collision, je pile et me décale autant que possible sur le bas-côté. « Connard ! » je crie à l'adresse du chauffeur lorsque nous nous croisons. Je n'ai jamais éprouvé une telle frayeur sur la route.

Quelques centaines de mètres plus loin, je m'arrête sur un chemin en terre afin de calmer mes nerfs. Encore tremblant, je m'allume une cigarette et laisse l'adrénaline redescendre.

Près de deux ans après le début de mon enquête, j'ai décidé qu'il était temps que j'informe mon frère du véritable sujet de mon livre. Il y a une semaine, je l'ai appelé pour le prévenir que j'avais quelque chose d'important à lui dire et qu'il fallait que je le voie. « Tu vas être papa ? » m'a-t-il demandé gaiement.

Le ciel commence à s'assombrir lorsque j'arrive. La veille, mon frère et sa compagne m'ont prévenu qu'ils dînaient avec des amis, à une centaine de kilomètres de là. « On sera de retour vers minuit. On discutera quand je rentrerai », m'a dit mon frère. J'ouvre la porte et entre dans la maison.

Pour passer le temps, je jette un coup d'œil à la bibliothèque. Celle-ci est pratiquement inchangée depuis mon adolescence. Il y a toujours les écrivains punk que j'ai pris tant de plaisir à lire lorsque j'étais plus jeune :

Charles Bukowski, Virginie Despentes, Jack Kerouac, William Burroughs, Simon Liberati. Il y a aussi le premier tome des *Œuvres* de Guillaume Dustan, que j'avais commandé pour Noël il y a quelques années. Après m'avoir laissé le déballer, mon frère m'avait pris à part.

– En regardant sur Internet, j'ai vu que c'était de la littérature érotique homosexuelle. Est-ce que...

– Non, non. Rien à voir, je lui avais assuré.

– D'accord. Mais tu sais que si jamais si tu étais homo, ça ne me dérangerait absolument pas ? Tu pourrais me le dire. Tu le sais, hein ? avait insisté mon frangin.

Je souris en me remémorant cette anecdote. Hormis son populisme, souvent alimenté par son complotisme, mon frère ne présente aucun marqueur de l'extrême droite : pas d'homophobie, pas de racisme, pas d'antisémitisme, d'antiparlementarisme ni de bellicisme. Et pourtant, cela ne l'empêche pas de soutenir Donald Trump, Vladimir Poutine, Jair Bolsonaro, et d'avoir peut-être voté Marine Le Pen au second tour des deux dernières élections présidentielles.

Aux alentours d'une heure du matin, j'entends du bruit dans l'entrée. « Désolé, ça a duré un peu plus longtemps que prévu », s'excuse mon frère avant de me faire un gros bisou sur la joue.

Il prend quelques secondes pour me regarder. « Pow pow pow, il est beau, mon frérot », dit-il en passant sa main dans mes cheveux.

En compagnie de sa compagne, nous nous installons dans le salon et ouvrons une bouteille de whisky que mon frère a reçue pour son anniversaire. Pendant deux heures, nous parlons de choses et d'autres. Puis, vers 3 heures du matin, nous nous retrouvons tous les deux, au bord du moment que j'attends depuis bientôt deux ans.

Quand j'ai commencé mon immersion, je pensais expliquer à mon frère, à renfort d'anecdotes, que les personnes qu'il suivait sur Internet n'étaient pas des modèles de vertu et d'intégrité, mais des personnes ayant trouvé un moyen de capitaliser sur leurs obsessions. Les choses ne se sont pas déroulées comme je me l'imaginais. En lieu et place des « imbéciles », j'ai rencontré des gens globalement bienveillants, émouvants, parfois à côté de la plaque, certes, mais qui se souciaient réellement du sort des autres. Bref, pas de bloc homogène.

J'ai surtout compris que je devais cesser de vouloir prouver à mon frère que j'avais raison et lui tort, d'autant que ce n'est évidemment pas le cas. Aussi, c'est du stress qui domine à cet instant. Pour évacuer la pression, je me sers un grand verre de whisky et allume une cigarette.

– Alors, Elliot, qu'est-ce que tu voulais me dire de si important ?

J'avale une grande gorgée qui me fait toussoter.

– C'est par rapport à mon livre. J'ai enquêté sur le complotisme. Pour ce faire, je me suis immergé dans le journal *La Vérité*. J'y ai bossé pendant trois mois. Ensuite, j'ai intégré l'équipe de campagne de Norton Mabille. Je m'occupais à la marge de ses relations presse. Et dans mon bouquin, je raconte ce que j'ai vu.

Mon frère ne réagit pas. « D'accord », se contente-t-il d'articuler. Je poursuis.

– L'objectif de mon immersion, c'était de te comprendre, d'aller à la source, de rencontrer ceux qui, selon moi, ont capturé une partie de ton cerveau.

Mon frère reste interdit.

– D'accord, bredouille-t-il. Est-ce que je peux le lire ?

– Je peux te montrer certains passages, mais pas tout.

Toujours aucune réaction de sa part, ni colère ni aucune autre émotion. J'ai l'impression qu'il n'aurait pas agi autrement si je venais de lui annoncer que je m'étais acheté une nouvelle voiture ou inscrit à un cours de cuisine.

Le silence est si dense qu'on peut entendre le ronflement du chien dans la pièce voisine. Mon frère tire sur sa cigarette électronique, recrache longuement la vapeur, puis se décide enfin à dire quelques mots.

– C'est bancal, cette notion de complotisme, Elliot. Regarde, par rapport au Covid-19 : au début de l'épidémie, tous ceux qui disaient que c'était un virus fabriqué en laboratoire étaient traités de « complotistes ». Et aujourd'hui, c'est sur le point d'être avéré.

Je n'ai aucune envie de me lancer dans un débat sur le Covid-19.

– Mon livre ne consiste pas à démontrer que ceux qu'on appelle les complotistes sont des tarés qui vivent dans l'erreur, j'explique. D'ailleurs, certains à *La Vérité* sont devenus des amis.

– Tu les considères comme « complotistes » ?

– Oui, sur certains sujets. Mais ce n'est pas grave. Je leur trouve d'autres qualités.

Mon frère continue de fumer sa cigarette électronique en regardant dans le vague.

– Et qu'est-ce que tu racontes sur moi ? finit-il par me demander.

Je reprends une grande gorgée de whisky.

– En parallèle de mon immersion, je raconte ton parcours : la vie que nous avions lorsque j'étais plus jeune, ta descente aux enfers après ta séparation, tes problèmes de drogue, puis comment, selon moi, après ta cure de désintoxication tu as remplacé une dépendance par une autre, le complotisme en l'occurrence.

Il ne dit rien. Dans la pièce d'à côté, le chien s'est réveillé et vient nous rejoindre dans le salon.

– T'es fâché ? je lui demande tandis qu'il caresse négligemment le museau du lévrier.

– Non, pas du tout, m'assure-t-il. Mais c'est difficile de me faire une idée dans la mesure où je ne sais pas exactement ce que tu as écrit.

Je décide alors de lui faire lire certains passages qui le concernent sur mon smartphone.

– Alors, qu'est-ce que tu en penses ? je l'interroge quand il a terminé, une vingtaine de minutes plus tard.

– Oui, c'est émouvant, se contente-t-il de commenter en me tendant mon téléphone.

– C'est tout ?

– Qu'est-ce que je peux te dire d'autre ? Ça m'embête juste pour ma mère : ça va la tuer.

Sa mère n'a aucune idée des dépendances passées de mon frère. Une fois, elle m'avait confié : « Tu sais, je crois que ton frère a déjà goûté à la

drogue. Et pas qu'au haschich ! » J'avais dû me mordre les joues pour ne pas éclater de rire.
– On n'aura qu'à lui dire de ne pas le lire, j'indique à mon frère. Et évidemment, tout sera anonymisé.
– Très bien, répond-il en engloutissant le fond de son verre. Il faut que j'aille me coucher, je suis crevé.

Nous nous étreignons longuement.
– T'es pas en colère, tu es sûr ?
– Non, promis, me rassure-t-il.

Le lendemain matin, nous n'abordons pas une seule fois le sujet. Je suis très surpris par son attitude. Il ne me pose même pas une seule question sur Norton Mabille, à qui il voue pourtant un véritable culte.

Je ne sais trop quoi en penser, alors que je suis sur la route pour rentrer chez moi. À choisir, je crois que j'aurais encore préféré le voir se mettre en colère. Au moins, cela aurait donné matière à discussion, à débat. Nous aurions enfin pu nous dire tant de choses que nous taisons depuis toutes ces années. Cela étant, moi-même, j'étais tétanisé. Il ne voulait ou ne pouvait pas s'étendre sur le sujet, moi non plus.

Le soir même, j'essaye de l'appeler pour le prévenir que je suis bien arrivé. Il ne répond pas. Idem le lendemain et le jour suivant. Une semaine plus tard, je reçois un message.

« Salut Elliot. J'ai réfléchi à ton livre. Je dois absolument le lire avant sa publication pour m'assurer qu'on ne peut pas m'identifier. Envoie-moi ton texte intégral rapidement, s'il te plaît. Merci. »

Le moins qu'on puisse dire, c'est que je suis peu emballé à l'idée qu'il possède une copie de mon livre. Je crains notamment qu'il prévienne Norton Mabille ou la rédaction de *La Vérité* de la réelle raison de ma présence parmi eux.

« Je ne peux pas. Va falloir me faire confiance, sur ce coup-là », je réponds.

« Hors de question ! Mon image publique est en jeu. Mon image privée l'est aussi », s'agace-t-il en m'envoyant en pièce jointe un texte de loi relatif à la diffamation.

Après négociation, je consens à lui transmettre tous les chapitres dans lesquels je parle de lui.

« Comme tu le verras, j'ai changé les noms, les villes, etc., je lui écris. Ça représente un peu moins d'un quart du livre. Évidemment, ce n'est que ma vérité. Je ne prétends pas avoir raison sur tout. Quoi qu'il en soit, j'aimerais beaucoup que tu m'appelles pour qu'on discute sereinement. »

Après cet échange, je n'ai plus aucune nouvelle de lui. J'essaye plusieurs fois de le joindre, en vain. Quelques semaines plus tard, je finis par téléphoner sur sa ligne fixe. C'est sa compagne qui décroche.

– Ton frère n'est pas là. Il est parti faire des courses, me dit-elle après que j'ai demandé à lui parler.

– Comment prend-il cette histoire de livre? je m'enquiers.

– Honnêtement, très mal, répond Florence. Pendant des mois, il s'est vanté auprès de ses collègues que son petit frère allait publier un livre. Et aujourd'hui, il a surtout très peur qu'on le reconnaisse. Il est choqué que tu dévoiles son intimité et il prend aussi très mal le fait que tu nous aies fait croire que ta vie était en danger.

C'est ce que j'avais prétendu, effectivement, pour m'assurer que mon frère ne révèle rien aux membres du parti des Éveillés dans le cas où mon nom lui remonterait aux oreilles par le biais de militants ou de publications. Aujourd'hui, je réalise que ce mensonge n'était ni moral ni nécessaire.

Durant les semaines qui suivent, je n'ai toujours aucun signe de lui malgré mes messages répétés. Puis, un jour, il m'envoie un long SMS dans lequel il m'expose ses griefs:

« Je trouve d'une arrogance sans bornes le fait d'attribuer à une perception différente de la sienne un caractère quasi psychiatrique ; je trouve que j'ai été idiot de vouloir convaincre à tout prix et d'avoir négligé, sur certains sujets, un effet d'emballement ; je trouve ignoble le fait d'utiliser une tierce personne (Norton Mabille), au risque d'abîmer encore son image, pour régler ses comptes ; je trouve extrêmement impudique, voire indécent, d'exposer sa catharsis ; je trouve douloureux qu'on vienne remuer dans mes plaies le couteau de mes faiblesses passées ; je trouve égoïste de ne pas se poser la question des dégâts potentiels de ses actes ; je trouve triste et bête de hurler avec les loups ; je trouve que j'ai eu tort d'annoncer avec fierté et bonheur la parution prochaine du livre de mon frère sans en savoir rien ; je trouve que tu as eu tort de nous laisser t'imaginer en danger du fait de tes investigations ; je trouve en tous les cas la tromperie moche ; je trouve qu'il faut une absence totale de psychologie et d'empathie pour imaginer un instant un accueil favorable à ce livre ; je trouve impardonnables mes excès toxicomaniaques, et catastrophiques sur les miens les dommages de la dépression liée ; je trouve inutile un énième livre sur le thème de la gestion domestique des phénomènes à caractère sectaire, qu'ils soient réels ou opportunément décrétés tels ; je trouve sclérosant, limitant, dangereux, appauvrissant et opposé à toute démarche constructive l'usage de labels infamants ; je trouve que bien qu'aimant j'ai été un père et un frère à chier, dysfonctionnel et aveugle ; je trouve trompeur de présenter comme travail journalistique une production motivée par un affect frustré, quelles qu'en soient les conclusions ; etc. La liste est longue de ce qui alimente en ce moment un sentiment douloureux mêlé de tristesse, de colère, de déception, d'impuissance et de honte à mon endroit comme au tien. J'ai du mal à sortir d'une certaine sensation de KO. Je vais lire ce que tu as envoyé, plus tard. »

Mon frère m'a transmis ce long message le 12 juillet 2023. Après ça, silence radio.

CHAPITRE 35

COUPER LES PONTS

Mike Kropveld est un vétéran de la lutte contre les dérives sectaires. En 1980, ce Canadien a créé le Projet Culte (rebaptisé par la suite Info-Secte) après avoir secouru un ami tombé dans les griffes de l'Église de l'unification, plus connue sous le nom de « secte Moon ». Depuis, il a donné des centaines de conférences à travers le monde et est venu en aide à des milliers de membres de sectes ainsi qu'à leurs familles.

Nous nous rencontrons par visioconférence. Le crâne dégarni, la barbe poivre et sel mal taillée, il parle d'une voix douce, légèrement voilée, avec un fort accent québécois. Même à travers l'écran émanent de lui une gentillesse et une bienveillance qui suscitent immédiatement la sympathie.

Son approche se veut pragmatique. « Quand des proches de victimes du complotisme viennent nous voir, la première chose qu'on leur demande, c'est : "Qu'est-ce que vous cherchez à faire ?" Et : "Qu'est-ce que vous avez déjà fait ? Si cela n'a pas marché, alors pourquoi vous continuez ?" »

Il évoque ma situation personnelle, que je lui ai décrite au début de notre entretien, et poursuit : « Vous devez vous interroger sur le type de relation que vous voulez avoir avec votre frère s'il ne change pas. Certaines personnes que nous suivons préfèrent couper les ponts. Après tout, c'est une option. Il faut aussi être capable de penser à soi. »

À l'instar des autres acteurs de terrain que j'ai interviewés, Mike Kropveld conseille de maintenir un lien de confiance, d'éviter les sujets qui fâchent et surtout de poser des questions ouvertes. « Par exemple, vous avez mentionné que votre frère ne croyait pas à la théorie de la Terre plate. Vous pouvez lui demander : "Pourquoi pas ?" Il vous répondra sûrement quelque chose du type "c'est trop fou". "Comment ça, c'est trop fou ? Qui a décidé que c'était trop fou ? Selon quels critères ?" Le but, c'est de l'amener à réfléchir. »

Un autre point s'avère très important, selon le directeur général d'Info-Secte : « Parfois, il faut tout simplement dire : “Je t’aime. Ton changement m’inquiète, je ne comprends pas, mais je t’aime. Et quoi qu’il arrive, moi, je serai toujours là, et je vais toujours t’aimer.” »

Depuis que mon frère est devenu complotiste, j’ai essayé beaucoup de choses – et commis à peu près toutes les erreurs à éviter. J’ai parfois été moqueur, méprisant même. À certains moments, j’ai pris le parti d’ignorer les articles qu’il m’envoyait. À d’autres, j’ai mis un point d’honneur à les analyser et à les réfuter un à un. Je lui ai exprimé ma colère, ma tristesse, et même ma honte. Je l’ai supplié d’arrêter de passer son temps sur Internet, de rentrer dans le rang et de reprendre une vie normale. Mais je n’ai jamais pensé à lui dire ces quelques mots : que je l’aime, que cela n’a jamais changé et ne changera jamais.

CHAPITRE 36

CROIRE À DES CHOSES FOLLES SANS ÊTRE FOU

Nous sommes à la fin des années 1970 à Vandœuvre, une banlieue sensible près de Nancy. Dans le secret de sa chambre d'adolescent, Gérald Bronner, 15 ans, se découvre un intérêt naissant pour les théories alternatives. Issu d'une famille athée de la classe populaire, avec une mère femme de ménage et un père réparateur de télévisions, le jeune homme est en quête de sens. Cela commence par la lecture du livre *Le Matin des magiciens*, de Jacques Bergier et Louis Pauwels, un ouvrage quelque peu oublié aujourd'hui, mais qui s'est vendu à près d'un million d'exemplaires au moment de sa parution, en 1960, et qui se veut être une introduction aux sciences occultes.

De là, les choses s'emballent pour Gérald. Au fil des années, le jeune homme plonge toujours plus profondément dans un univers fait de croyances et de superstitions. Il devient millénariste – convaincu du règne terrestre à venir du Messie –, se passionne pour l'astrologie, l'alchimie, et apprend même l'alphabet hébraïque pour faire des talismans. « J'étais également conspirationniste : jusqu'à mes 25 ans, je pensais qu'il y avait des vérités dissimulées », confie-t-il aujourd'hui[26].

Tout change lorsque, dans le cadre de ses études de sociologie, qu'il poursuit à l'université de Nancy, il entame un travail sur les croyances. Au cours de ses recherches, il met au jour un certain nombre de variables qui prédisposent aux croyances, comme le fait d'avoir la sensation de perdre la maîtrise de son environnement, ou la propension à faire davantage confiance à ses intuitions intellectuelles qu'à sa logique. « Au bout d'un moment, je me suis dit : "Mais c'est moi, ça !" J'ai compris qu'on pouvait croire à des choses folles sans être fou soi-même. C'est ce qui m'a sauvé », analyse-t-il aujourd'hui.

Devenu chercheur en 1998, après avoir soutenu sa thèse de doctorat sur l'incertitude,

---

26. L'auteur du livre étant à l'étranger à ce moment-là, l'entretien avec le sociologue Gérald Bronner a été réalisé par l'éditeur le 14 novembre 2023.

l'homme se consacre depuis à l'étude des croyances. Lorsqu'il entame sa carrière, le sujet est encore relativement confidentiel. Plusieurs années durant, il publie des ouvrages savants, dont l'audience ne dépasse guère le cadre universitaire. Mais les mutations de la société qui s'opèrent en ce début de XXIe siècle viennent changer la donne. Avec la massification d'Internet, les théories conspirationnistes, jusque-là cantonnées à des brochures confidentielles, gagnent en audience et le complotisme devient petit à petit un sujet de société majeur.

C'est dans ce contexte que Gérald Bronner publie *La Démocratie des crédules*[27], un essai destiné au grand public dans lequel il met en exergue les différents biais cognitifs favorisant l'adhésion à de fausses vérités et insiste sur les dangers que la montée du conspirationniste fait peser sur les démocraties. Le livre, unanimement salué par la presse, rencontre un immense écho pour un ouvrage de sociologie.

Je l'avais lu en 2016, lorsque le complotisme de mon frère commençait à devenir préoccupant. Une anecdote relatée par Gérald Bronner

27. PUF, 2013.

avait particulièrement retenu mon attention. À la fin des années 1980, la cinquième chaîne avait lancé, à l'heure du déjeuner, une courte émission de débats au cours desquels il n'était pas rare de voir s'affronter des scientifiques et des adeptes des parasciences. Le 22 avril 1988 étaient ainsi invités Yves Galifret, professeur de psychologie à l'université Paris-VI, et un voyant se faisant appeler « le mage Dessuart » qui défendait la réalité de la précognition – un phénomène qui, pour les personnes croyant en son existence, serait « extrasensoriel » et permettrait d'avoir connaissance de choses qui ne se sont pas encore produites.

Pour illustrer son propos, le prétendu médium prit pour exemple le cas d'un roman, *Futility*, publié en 1898 et qui, quatorze ans avant la catastrophe du *Titanic*, raconte l'histoire du naufrage, causé par un iceberg, « du plus grand paquebot jamais construit par l'homme », le *Titan*. Les similarités ne s'arrêtent pas là : d'après « le mage Dessuart », le paquebot fictif décrit dans le roman aurait mesuré la même longueur que le *Titanic*, compté à bord la même quantité de tonneaux, et son naufrage imaginaire aurait occasionné un nombre semblable de victimes.

Pris de court, le renommé chercheur eut toutes les peines du monde à répondre aux multiples arguments de son interlocuteur, se contentant de formules convenues comme : « Il faudrait scientifiquement vérifier vos informations… » ou « Les coïncidences existent ». « Le problème, détaille Gérald Bronner dans *La Démocratie des crédules*, est qu'Yves Galifret ne s'est pas préparé à contrer un récit qui est un classique de l'argumentation "parapsychologique" car la contre-argumentation est possible, mais elle nécessite un investissement en termes de temps et d'énergie mentale important, donc une motivation. »

Ainsi, contrairement à ce qu'avait affirmé le mage Dessuart, les deux navires n'étaient pas de la même taille : l'auteur du roman évoquait un bateau de 214 mètres de long, contre 269 mètres pour le *Titanic*. Le nombre de victimes différait grandement : environ 1 500 dans le roman, alors que le *Titanic* en avait fait près du double, soit 2 987. Enfin, s'il l'avait su, Yves Galifret aurait pu souligner que l'auteur de cet ouvrage, Morgan Robertson, avait lui-même été marin pendant de nombreuses années et que, dès lors, il n'était pas guère surprenant qu'il ait inventé une histoire mettant en scène une catastrophe maritime. Seulement, pour ce faire, il aurait fallu que le chercheur connaisse parfaitement l'histoire du

Titanic, qu'il ait lu *Futility*, un roman qui n'est pas à ranger dans la catégorie des classiques, et qu'il ait en plus retenu les différents chiffres avancés par son auteur. Ce qui, pour le coup, était hautement improbable.

Je me souviens également qu'au moment de la lecture de *La Démocratie des crédules*, je me demandais pour quelles raisons les scientifiques ne faisaient pas davantage entendre leur voix sur le Web, afin de « débunker » les théories pseudo-scientifiques qui y fleurissent. J'eus la réponse à la fin du chapitre relatif au débat entre Yves Galifret et le mage Dessuart. « Les hommes de science en général n'ont pas beaucoup d'intérêt, académique pas plus que personnel, ni de temps, à consacrer à cette concurrence », écrit Gérald Bronner. Et d'ajouter : « On peut le comprendre, mais la conséquence de cette situation, c'est que les croyants réussissent à instaurer un oligopole cognitif sur Internet, mais aussi dans les médias officiels, devenus très sensibles sur certains thèmes aux sources d'informations hétérodoxes. »

Après le succès commercial et critique rencontré par *La Démocratie des crédules*, Gérald Bronner est identifié par les journalistes et le grand public comme l'un des meilleurs spécialistes du complotisme en France. Une étiquette qui lui vaut de multiplier les interventions dans la presse et d'enchaîner les collaborations hors du champ universitaire. En 2016, il participe ainsi bénévolement à la création du premier et unique centre de déradicalisation en France, fermé en septembre 2017. Il met également ses compétences au service de compagnies comme Areva, EDF ou Danone, et coopère depuis 2017 avec l'Académie de médecine, en tant que membre correspondant.

En janvier 2021, il publie un nouvel essai majeur, *Apocalypse cognitive*[28]. Sa thèse : avec la baisse considérable du temps consacré au travail, l'humanité jouit aujourd'hui d'un niveau de « disponibilité mentale » inédit dans l'Histoire. Dans le même temps, la massification d'Internet a conduit à une dérégulation du marché de l'information et des idées, autrefois structuré par quelques grands médias. Il en résulte que, contrairement à ce qu'espéraient les héritiers de la philosophie des Lumières, nous consacrons plus aisément ce capital attentionnel, acquis de haute lutte au fil des siècles, à des produits cognitifs à faible valeur et répondant à nos penchants

28. Toujours aux Presses universitaires de France.

les moins nobles – la pornographie, l'espionnage d'autrui, les « clashs » entre des personnalités publiques, etc. – plutôt qu'à nous élever intellectuellement et culturellement.

La vérité serait l'autre grande victime de cette concurrence généralisée. « Les fausses informations vont six fois plus vite et sont plus partagées et repartagées que les vraies informations, écrit Gérald Bronner. La crédulité a donc un avantage concurrentiel important sur le marché cognitif dérégulé parce que, nous l'avons vu, elle propose une éditorialisation du monde qui tend la main aux mécanismes les plus intuitifs de notre esprit : les stéréotypes culturels, les dizaines de biais cognitifs identifiés à ce jour par la science, l'effet de surprise et de dévoilement que proposent souvent ces produits intellectuels frelatés et, d'une façon générale, toutes les limites qui pèsent sur notre rationalité. »

Servi par une actualité qui a placé le conspirationnisme au sommet de l'agenda médiatique, avec, entre autres, l'invasion du Capitole par des partisans de Donald Trump convaincus que l'élection américaine a été truquée et la multiplication des *fake news* concernant la crise du Covid-19, le livre du sociologue-essayiste s'écoule à près de cinquante mille exemplaires.

Quelques mois plus tard, en septembre 2021, Gérald Bronner est contacté par les services de l'Élysée pour prendre la direction d'une commission chargée de remettre un rapport « sur le sujet des impacts d'Internet sur notre information, notre démocratie et ce qui unit notre société ». « Franchement, cela ne m'arrangeait pas trop, commente-t-il aujourd'hui. C'était un travail totalement bénévole où il n'y avait que des coups à prendre. Mais j'ai accepté par sens du devoir. »

Dans la lettre de mission que lui a adressée Emmanuel Macron, on constate que le président de la République partage la même analyse à propos de la dérégulation du marché de l'information : « En quelques années, la façon dont nous nous informons s'est radicalement métamorphosée. Là où l'information était depuis des décennies structurée par quelques grands rendez-vous collectifs très encadrés – les journaux télévisés, la lecture de la presse écrite –, elle est aujourd'hui éclatée avec, d'un côté, des médias traditionnels en déclin et, de l'autre, la multiplication de contenus autoproduits rencontrant leur public au gré des affinités idéologiques ou des hasards algorithmiques. »

Le chef de l'État partage également la même crainte quant au danger que l'avènement de l'ère numérique fait peser sur la démocratie : « Si nous ne faisons rien, ce phénomène de déstructuration du paysage de l'information, que l'accès aux réseaux sociaux et plateformes de partage de vidéos dès le plus jeune âge ne cesse d'amplifier, peut emporter ce que nous avons de plus précieux : notre cohésion nationale, notre système démocratique hérité des Lumières. »

Pour prévenir ce mal qui guette, la commission Bronner est notamment chargée de formuler une série de recommandations « dans les champs de l'éducation, de la prévention, de la régulation et de la judiciarisation des diffuseurs de haine, afin de libérer la société des bulles de filtre, qui enferment une partie de nos concitoyens et nourrissent les extrémismes, la discorde, la violence, les dérives sectaires et les obscurantismes », liste le président français.

Une tâche dont cette commission de quatorze membres, présidée par un homme qui fut autrefois millénariste, alchimiste amateur et concepteur de talismans magiques, dut s'acquitter en trois mois.

CHAPITRE 37

LE SILENCE

Il y a beaucoup de vrai dans le message que mon frère m'a envoyé. J'admets qu'il n'était pas adroit de ma part de lui faire croire que ma vie était en danger. Je comprends qu'il se sente trahi, qu'il trouve impudique et déplacé de me voir dévoiler ainsi son intimité, qu'il estime que j'ai fait preuve d'un grave manque d'empathie en me figurant qu'il pourrait accueillir ce livre favorablement ou encore qu'il s'inquiète des répercussions que celui-ci pourrait avoir sur sa vie.

Je regrette aussi la manière dont je lui ai révélé la vérité. En me remémorant la scène, je me dis que j'aurais dû d'emblée lui présenter mes excuses pour ces mois de mensonge et insister sur mes intentions premières. Le but de mon enquête n'a jamais été de lui nuire ni « d'exposer ma catharsis », ainsi qu'il me le reproche, mais au contraire de combler le fossé que le complotisme a creusé entre nous.

Les mois passent, et je n'ai toujours aucune nouvelle de sa part, pas même le jour de mon anniversaire. Dans mon entourage, la plupart de mes proches prennent son parti. « Mets-toi à sa place : t'es tout fier d'annoncer partout que ton petit frère va sortir un bouquin, et soudain, tu t'aperçois que non seulement il t'a menti pendant des mois, mais qu'en plus il va raconter toutes les bêtises que t'as pu faire dans ta vie ! Il y a de quoi l'avoir mauvaise », me dit par exemple un ami d'enfance, qui connaît mon frère depuis toujours.

À force de discussions, je finis par me laisser convaincre. Mi-novembre, soit plus de quatre mois après notre dernier échange, je décide de lui envoyer un message dans lequel je fais un premier pas dans sa direction.

« Salut frangin. Ton long mail m'a pas mal fait réfléchir. Beaucoup de choses vont changer concernant le bouquin. Est-ce qu'on pourrait s'appeler pour en parler ? »

CHAPITRE 38

À QUI PROFITE LE CRIME ?

Janvier 2022. La sphère complotiste est en émoi après que le gouvernement a annoncé sa volonté d'instaurer le pass vaccinal en remplacement du pass sanitaire. C'est justement le mois où la commission présidée par Gérald Bronner remet au chef de l'État son rapport intitulé « Les Lumières à l'ère numérique ».

Au milieu des cent vingt-quatre pages du rapport, une phrase retient mon attention : « En matière de désinformation et de théories du complot, la prévention est plus efficace que la correction. » Cette phrase résonne à la fois comme une évidence et comme une leçon que j'ai mis du temps à retenir. Quand les croyances d'un proche évoluent, le premier réflexe est généralement de s'attaquer à ces croyances. C'est ce que j'ai fait, et c'est sans doute la pire chose à faire. Car les conséquences seront souvent une rupture de confiance, et parfois une rupture tout court.

Le rapport Bronner fait l'état des lieux « des connaissances sur les désordres informationnels à l'ère numérique » et émet une série de propositions visant à atténuer « les perturbations de la vie démocratique qu'ils engendrent ». La première partie est ainsi consacrée aux « mécanismes psychosociaux de la désinformation », qu'on pourrait aussi bien renommer « pièges de notre époque ou de "l'ère numérique" ».

Si les idées complotistes qui circulent en nombre sur la Toile parviennent à séduire certains esprits, c'est notamment, y apprend-on, parce que nous avons tendance à abaisser notre niveau de « vigilance cognitive » lorsque nous surfons sur Internet. C'est d'autant plus vrai sur les réseaux sociaux comme Instagram ou Twitter, où les infox sont noyées au milieu de publications frivoles.

Les algorithmes utilisés par les acteurs du numérique – sujet du deuxième chapitre du rapport – ont par ailleurs tendance à favoriser la diffusion des idées extrémistes. Sur Facebook, il se trouve par exemple que les émoticônes négatives (comme celles représentant la colère) suscitent un engagement plus important de la part des utilisateurs qu'un simple like ou smiley. Pour en tirer profit, au sens économique du terme, et par là même capter l'attention des internautes aussi longtemps que possible, la plateforme fondée par Mark Zuckerberg attribue un poids cinq fois supérieur dans son algorithme aux expressions d'indignation, afin de leur conférer une audience maximale. Conséquence involontaire mais directe : certaines idées ou théories extrêmes sont surreprésentées.

Il apparaît aussi que certains groupes militants sont en capacité de détourner à leur avantage les algorithmes des moteurs de recherche comme Google. « C'est notamment le cas lorsqu'un fait d'actualité vient de se produire (par exemple, un attentat) et n'a pas encore généré beaucoup d'articles. Dès lors, si un groupe motivé par la manipulation de l'opinion agit rapidement, il peut, au moins provisoirement, détourner les premières recherches vers des interprétations idéologisées de l'événement », est-il expliqué dans le rapport. On peut ainsi donner une audience décuplée à une *fake news* ou une théorie quelconque.

Les membres de la commission Bronner attirent aussi l'attention sur les profits générés par l'économie de la désinformation ou encore le rôle de puissances étrangères (type Chine et Russie) dans la propagation des *fake news*. Enfin, les quatorze membres de la commission établissent un bilan des différentes lois déjà votées par le législateur afin de limiter la diffusion de fausses informations et de condamner ceux qui s'en rendent coupables.

Une fois posé le diagnostic viennent les solutions. La première d'entre elles : faire confiance à l'individu et à son esprit critique. « Face aux perturbations informationnelles si complexes à juguler, la meilleure réponse est sans doute la modération individuelle, puisque tout un chacun est devenu un opérateur sur le marché en ligne de l'information. » Nous serions tous équipés de deux systèmes de traitement de l'information : « le premier, rapide et intuitif ; le second, plus lent et réflexif, susceptible de nous faire revenir sur une évaluation du premier ». Or, plusieurs études ont montré que les personnes dites « réflexives » étaient mieux à même de distinguer les infox des vraies informations. Ce mode de raisonnement, contrairement à ce qu'on pourrait imaginer, n'a rien d'immuable ni d'inné. Et c'est justement dans l'optique de le développer dès le plus jeune âge que la commission Bronner propose de mettre en place des cours de pensée critique dont elle esquisse les contours.

« Pour [ne] prendre qu'un exemple, la théorie de l'évolution se heurte chez les élèves à des obstacles cognitifs spontanés. L'enjeu ici n'est pas seulement de comprendre la théorie de Darwin, mais également de montrer aux élèves pourquoi celle-ci leur résiste. Ainsi, ils apprendraient à développer leur propre pensée en entrant dans un apprentissage de métacognition. Pour prendre un autre exemple classique de biais cognitif, la confusion fréquente entre corrélation et causalité pourrait, elle aussi, susciter une attention pédagogique toute particulière que ce soit en mathématiques, en physique, en sciences économiques et sociales, en histoire ou même en philosophie. On pourrait aussi réfléchir de façon critique sur l'argument du *is fecit cui prodest* (à qui profite le crime), prologue à toutes les théories conspirationnistes. »

En complément de ces leçons, le rapport souligne la nécessité de dispenser des modules d'éducation aux médias et à l'information (EMI), afin de permettre aux élèves de « se construire une culture médiatique ».

C'est d'ailleurs le travail que mène depuis 2014 l'une des membres de la commission Bronner, la journaliste Rose-Marie Farinella, auprès d'élèves allant de la maternelle au CM2. Tout au long de leur formation dite « *hoax buster* » (chasseur de canular), les enfants apprennent à repérer les signes qui laissent penser qu'un site d'information est fiable ou non, à croiser les sources ou encore à détecter les images trafiquées.

Dans un court reportage que lui a consacré la chaîne YouTube Hygiène mentale, on aperçoit ainsi Rose-Marie Farinella demander à ses élèves de CM2 ce qu'ils pensent d'une photo censément prise lors d'affrontements entre groupes de supporters dans un stade de football. « On voit qu'elle est fausse, parce que le pied de l'homme en bleu qui tient une pelle est coupé », répond aussitôt l'un d'entre eux. Cet exemple est d'autant plus intéressant à évoquer qu'un journaliste de télévision, Olivier Mazerolle, s'était lui-même fait avoir par ce trucage datant de 2016. Sûr de son fait, l'ancien présentateur de « 100 minutes pour convaincre » sur France 2, qui à l'époque officiait dans la matinale de RTL, avait demandé à Stéphane Le Foll, alors porte-parole du gouvernement de Manuel Valls, comment il était possible de rentrer dans un stade avec une pelle.

Si l'école reste le principal récipiendaire des dispositifs évoqués, la commission Bronner préconise que ces derniers soient étendus à d'autres structures (comme les bibliothèques, les associations, les centres sociaux), afin de toucher un public adulte, sans toutefois espérer qu'ils soient de nature à « déradicaliser » une personne conspirationniste.

La commission Bronner note aussi que « la contradiction rationnelle est moins susceptible d'échouer lorsqu'elle est émise par un membre de notre groupe social ou politique. D'une façon générale, la contradiction a moins de chances d'être repoussée a priori si elle est endogène. En poussant cette constatation jusqu'à son terme logique, on aboutit à la conclusion que la critique la plus efficace est celle qui vient… de nous-mêmes. »

CHAPITRE 39

« TU ES LE BIENVENU »

Décembre 2023.

« Repas de Noël le 26. Tu es le bienvenu si tu veux venir. Je ne suis pas en état d'avoir quelque conversation polémique que ce soit. »

Des semaines, voire des mois durant, je n'ai pas pris la mesure du choc que cela avait été pour lui d'apprendre que je lui avais menti et qu'il allait être le sujet central de mon livre.

Depuis, j'ai pris la décision de tout anonymiser : mon nom, le sien, sa profession, les lieux de mes deux immersions. Peu importe les histoires rocambolesques racontées par le propriétaire du journal *La Vérité* ou le fait que le parti des Éveillés vivote dans sa bulle informationnelle. Finalement, mon livre ne vise pas à dénoncer les éventuelles dérives d'un média ou d'une organisation politique, ni à pointer spécifiquement les comportements de mon frère. Ce livre cherche à répondre à cette question simple : que peut-on faire quand un proche qu'on aime devient complotiste ?

Selon le sociologue Gérald Bronner, il existe une définition académique du complotisme qui pourrait se résumer ainsi : « Sur les faits d'actualité ou sur les faits historiques, il s'agit d'une théorie qui pense que les versions officielles qui sont données par les historiens ou par les journalistes dissimulent les vraies raisons d'un événement. En réalité, il s'agirait d'un groupe ou d'une institution qui, volontairement et de façon malveillante, provoque un événement. »

Mais Gérald Bronner avoue ne pas trop se servir de cette définition. Il préfère s'intéresser à quelque chose de plus concret : « Pour moi, dit-il, ce qui caractérise le complotisme, c'est surtout une façon d'administrer la preuve des choses. »

Car, au fond, face à un événement, on ne sait pas toujours s'il y a eu complot ou pas. En revanche, on peut constater que, à partir d'un même faisceau d'informations, deux individus ne vont pas tirer les mêmes conclusions. Et qu'on ne peut pas grand-chose face à ce phénomène.

« Je ne crois pas qu'on puisse déradicaliser quelqu'un, concède Gérald Bronner. En revanche, je crois qu'on peut réveiller, en quelque sorte, son système immunitaire intellectuel, on peut le stimuler. Sans garantie de succès. »

Quand j'ai cherché à savoir comment on pouvait « sortir » du complotisme, un ancien complotiste comme ZioClo m'a confié : « Moi non plus, je n'arrive pas à déconstruire les croyances des complotistes. » Idem du côté de Pascale Duval, porte-parole de l'Unadfi, principale association française d'aide aux proches des victimes de sectes : « Malheureusement, il n'y a pas grand-chose à faire. »

Il faut admettre son impuissance et, peut-être, avoir des objectifs plus modestes. C'est ce que je retiens de mes échanges avec Louis Godet-Gosselin, le directeur du Centre de prévention de la radicalisation menant à la violence (CPRMV) de Montréal. « Nous ne cherchons pas à convaincre les individus d'abandonner leur idéologie, m'a-t-il précisé. En revanche, nous travaillons sur des points qui permettent de rendre leur adhésion moins soutenue et surtout de diminuer le risque qu'ils commettent une action violente. » Sarah Pohl, la psychiatre et directrice du centre Zebra, en Allemagne, abonde dans le même sens. « Je crois qu'il n'est pas possible de changer les idées de quelqu'un. Notre objectif, c'est de faire en sorte que de chaque côté, celui du complotiste et celui de ses proches, on réapprenne à s'écouter, à se respecter et à accepter le point de vue de l'autre. »

En m'indiquant qu'il ne souhaitait pas avoir de « discussion polémique », mon grand frère semble avoir déjà bien compris cela. Moi, il m'a fallu deux ans d'enquête pour l'intégrer. Lui est arrivé à cette conclusion tout seul.

Même si nos rapports sont distants aujourd'hui, il n'est pas interdit de penser qu'un jour, nous repartirons sur des bases plus sereines.

Si je retrace le fil des événements, je remarque que nos relations s'étaient améliorées de façon très nette à partir du moment où j'ai cessé d'aborder les sujets qui nous séparent. Les turbulences que nous traversons actuellement sont essentiellement liées à l'existence de mon livre. J'imagine également qu'il lui est pénible d'être dépeint comme un « complotiste ». Peut-être un jour comprendra-t-il, comme Gérald Bronner avant lui, « qu'on peut croire à des choses folles sans être fou soi-même ».

Comme avec une personne dépendante à l'alcool ou à la drogue, vouloir sauver un proche complotiste peut entraîner « l'aidant » par le fond. Sans pour autant avoir d'effet sur l'addiction du proche en question. Et ce, qu'il s'agisse d'un produit matériel, spirituel, ou d'une consommation frénétique de *fake news*.

Voici l'une des choses que j'ai apprises avec ce livre : seule la personne concernée peut décider de changer. Moi, en tant que proche, je ne dois pas, je ne peux pas, décider à la place de mon frère. Je dois réfréner mon envie de contre-argumenter ses diverses théories, d'essayer de lui prouver qu'il a tort. Finalement, il me faut répondre favorablement à sa dernière demande en évitant « les conversations polémiques ». Et espérer qu'à l'avenir, nous réussirons tous les deux à construire une autre relation.

Cet ouvrage a été achevé d'imprimer en février 2024
dans les ateliers de Normandie Roto Impression s.a.s.
61250 Lonrai (Orne)
N° d'impression : 2400474
ISBN : 979-10-96906-49-9
Dépôt légal : Mars 2024

Imprimé en France